기독교문서선교회(Christian Literature Center: 약칭 CLC)는 1941년 영국 콜체스터에서 켄 아담스에 의해 시작되었으며 국제 본부는 미국 필라델피아에 있습니다. 국제 CLC는 59개 나라에서 180개의 본부를 두고, 약 650여 명의 선교사들이 이동 도서차량 40대를 이용하여 문서 보급에 힘쓰고 있으며 이메일 주문을 통해 130여 국으로 책을 공급하고 있습니다. 한국 CLC는 청교도적 복음주의 신학과 신앙 서적을 출판하는 문서선교기관으로서, 한 영혼이라도 구원되길 소망하면서 주님이 오시는 그날까지 최선을 다할 것입니다.

삼손 읽기

우리가 몰랐던 삼손

Reading Stroy of Samson: We didn't know Samson
Written by Yongjin Jeong
All rights reserved.
Korean Edition Copyright ⓒ 2019 by Christian Literature Center, Seoul, Korea

삼손 읽기: 우리가 몰랐던 삼손

2019년 4월 24일 초판 발행
지은이 | 정용진

편집 | 곽진수
디자인 | 박성준, 신봉규
펴낸곳 | (사)기독교문서선교회
등록 | 제16-25호(1980.1.18)
주소 | 서울특별시 서초구 방배로 68
전화 | 02-586-8761-3(본사) 031-942-8761(영업부)
팩스 | 02-523-0131(본사) 031-942-8763(영업부)
이메일 | clckor@gmail.com
홈페이지 | www.clcbook.com
송금계좌 | 기업은행 073-000308-04-020 사)기독교문서선교회

ISBN 978-89-341-1961-6(93230)

이 도서의 국립중앙도서관 출판예정도서목록(CIP)은 서지정보유통지원시스템 홈페이지(http://seoji.nl.go.kr)와 국가자료공동목록시스템(http://www.nl.go.kr/kolisnet)에서 이용하실 수 있습니다. (CIP제어번호: CIP2019010234)

이 책의 저작권은 저자와 (사)기독교문서선교회가 소유합니다. 신저작권법에 의하여 한국 내에서 보호받는 저작물이므로 무단 전재와 무단 복제를 금합니다.

CLC 읽기 시리즈 7

삼손 읽기

우리가 몰랐던 삼손

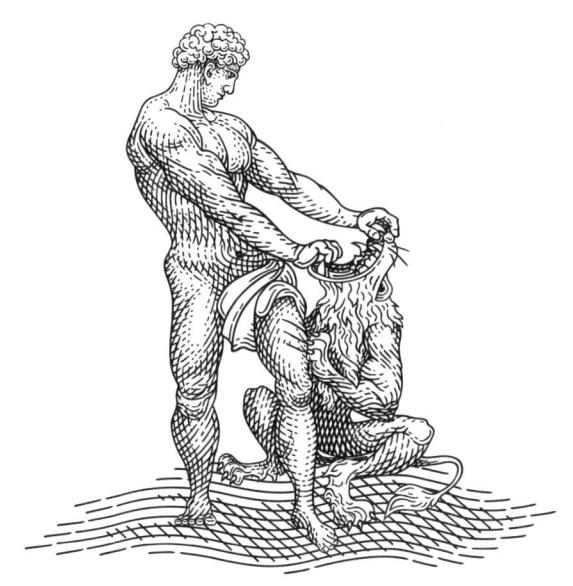

정용진 지음

CLC

저자 서문

먼저 본서를 쓸 수 있게 하신 하나님께 감사와 영광을 드립니다. 제가 병든 와중에도 저를 병간호해 주신 부모님께 감사드립니다. 제가 아플 때 눈물로 기도해 주신 어머니와 막내 고모님께 진심으로 감사드립니다. 어머니는 제가 두 번이나 죽었다가 살아나게 해 주셨습니다. 본서를 쓸 수 있도록 도와주신 모든 분께 감사드립니다.

본서는 침례신학대학교 일반대학원 신학석사 논문으로 제출했음을 밝힙니다. 논문 작성 과정에서 부족한 제가 실수할 때마다 꾸짖어 주신 우택주 교수님께 감사드립니다. 특히 'Reading and Research'를 잘 마칠 수 있게 도와주신 이형원 교수님께 감사드립니다. 제자를 인격적으로 대해 주신 기민석 교수님께도 감사드립니다.

본서를 쓸 수 있게 도와주신 한지윤 집사님께 감사드립니다. 마지막으로 제가 아플 때 금전적으로 도와준 사랑하는 동생 정용건 성도님께 감사의 마음을 전합니다. 본서를 출판해 주신 기독교문서선교회(CLC) 박영호 목사님께 진심으로 감사드립니다. 이 글이 소망을 잃은 사람들에게 희망의 빛이 되기를 바랍니다. 온 마음을 다해 하나님께 영광을 돌립니다.

목차

저자서문　　　　　　　　　　　　5

제1장　서론　　　　　　　　　　8
제2장　서사이론의 등장　　　　　34
제3장　"설명하기"와 "보여 주기"　41
제4장　등장인물의 특성 분석　　　56
제5장　결론　　　　　　　　　　121
제6장　교회와 지도자들에 대한 제언　130

참고자료　　　　　　　　　　　132
Abstract　　　　　　　　　　　138

제1장

서론

1. 문제 제기

먼저 삼손 하면 떠오르는 이미지(image)는 카사노바 아니면 호색한 이었다. 그 이유인즉 삼손이 구약 시대의 나실인 신분으로 금하는 많은 일을 했기 때문이다. 삼손을 조금 깊게 연구한 학자라면, 누구나 알 수 있다. 삼손을 삼손이 되게 하지 못한 그룹이라면 먼저 페미니스트(Feminist)를 꼽을 수 있겠다.

첫째, 20세기 일어난 페미니즘(Feminism)[1]의 원인이 될 수 있다.

왜 삼손이 사사기에서 네 장에 걸쳐 기록된 것인가 궁금해하는 사람

---

1 Feminism, 남녀 평등주의. 말로는 그럴싸하게 포장되었지만, 교회의 상황에서 보면 삼손을 제대로 평가하지 못하게 막고 있는 한 그룹이 아닌가 생각이 든다. 미국이든 한국이든 여성 신도가 60%에 육박하게 되니(이것은 정확한 통계치를 말하는 것이 아니다. 더 될 수도 있고 덜 될 수도 있다) 아무도 삼손의 기록에 관심을 두는 이가 없다.

도 없고, 왜 삼손이 연구되지 않은 것인가?

둘째, 그 원인은 교수들에게 있다.

일반 성도들이 관심이 없다면, 학자들이라도 나서서 삼손을 연구하여야 했다. 대학교수는 1년에 논문 2편씩 작성해야 한다. 그러나 여성들이 흥미 없어 하고 오히려 그들의 심기를 거스르는 연구를 진행할 수 없다.

셋째, 삼손에 대해 언급할 수 없는 부류들이 있다.

바로 여러분이 섬기는 목회자들이다. 담임목사나 부목사는 한 명의 평신도가 아쉬울 것이다. 그러다 보니 좋은 말씀만, 듣기에 좋은 말만 해야 할 것이다. 잠언 3:11-12의 말씀이다.

> 내 아들아 여호와의 징계를 경히 여기지 말라 그 꾸지람을 싫어하지 말라 대저 여호와께서 그 사랑하시는 자를 징계하시기를 마치 아비가 그 기뻐하는 아들을 징계함 같이 하시느니라(잠 3:11-12).

징계가 사라진 오늘날 삼손을 연구한다는 것은 참 위험한 일이 될 것이다. 그런데도 삼손을 연구하는 것은 참으로 보람된 일이 될 것이다. 많은 학자들이 삼손을 연구할 때 한낱 카사노바로 이해하거나 자신의 힘을 남용한 사람으로 지적하는 것도 싫었다.

사람이 태어나서 아무런 일을 못 하는 것이 더욱 싫었다. 현재 교단에서 알려진 문제와 상황을 자신이 노력해서 해결하려는 것 자체가 오만이며, 하나님께 불경죄(不經罪)를 짓고 있지 않은가 생각해 보게 된다.

어떤 이들은 장애 그 자체가 문제가 되어 직업의 전선에서 쫓겨나 거지의 모습으로 살아간다. 어떤 이들은 그리스도에 관한 지식이 뛰어난 데, 앞 못 본다는 이유로 쫓겨난다. 필자가 삼손을 택한 이유가 여기 있다.

한 인간으로 태어나 그 사회에 아무런 도움이 되질 않고 짐만 되어 살아간다면 정말 하나님이 창조한 인간이 맞을까?

위와 같은 의구심이 있다. 필자는 삼손에게서 그 답을 찾았다. 문학 장르들의 표현에는 두 가지가 있다. 하나는 이야기식 형태이며 또 다른 하나는 장면 묘사 형태이다. 드라마의 텍스트를 소설화할 수 있다.[2] 또한, 외적인 형태와 내적 형태의 구조[3]로 보기도 하는데 외적 형태는 플롯 구조 중심이고[4] 내적 형식은 시공의 상황을 나타낸다.[5]

삼손은 희극적 영웅이고, 사울은 비극적 영웅이다.[6] 이스라엘에 왕조가 들어서기 위해서는 사울이 꼭 필요한 존재였다. 문학 작품이 어떻게 이루어져 있는지에 대한 문제에 부딪히게 된다. 세상의 모든 역사적 사건이나 사실들이 문서로 기록된 이래로 소위 학문이라는 분야에서 중요하게 여겨지는 것은 사건이나 문서들을 어떠한 관점에서 해석(interpretation)하느냐[7]에 달려있다. 다시 말해, 저자(author, writer)와 독자

---

2 정형주, "삼손 설화와 드라마," 「성서연구」 101집 1998, 여름, 127.
3 정형주, "삼손 설화와 드라마," 127.
4 정형주, "삼손 설화와 드라마," 127.
5 정형주, "삼손 설화와 드라마," 127.
6 정형주, "삼손 설화와 드라마," 127.
7 이 대목에서 중요한 것은 서사비평은 일반학문계에서는 널리 알려지지 못했지만, 성경비평가들은 그 자체적으로 동등한 운동으로 생각한다. Mark Allan Powell,

(reader) 간의 이해(understanding)의 문제인 것이다.

저자는 자신의 신념이나 주장을 글로 남긴다. 그리고 독자는 그 글을 읽고, 저자의 사상(thought)이 무엇인지, 저자가 의도하는 바가 무엇인지, 그 내용은 어떤 것인지 밝혀내는 것이다. 이것은 하나의 의사소통(communication)이다. 그것을 우리는 총괄해석이라고 말한다. 우리는 이 해석에 대해 학문적으로 접근하는 방법론을 해석학(解釋學)[8]이라 한다.

이 연구는 구약성경 사사기의 사사 이야기들 중 삼손 이야기(삿 13-16장)를 성경비평방법의 하나인 서사비평(Narrative Criticism) 방식을 동원하여 읽는다.

서사적 관점에서 읽을 때, 플롯(Plot)은 어떻게 되는가?

등장인물들(Characters)은 어떻게 행동하고 대립하고 있는가?

어디에서 갈등이 빚어지는가?

그 이야기들이 어떻게 독자에게 전달되고, 영향을 미치는가?

삼손 이야기에서 해설자(Narrator)는 삼손을 어떻게 평가하고 독자에게 전달하는가 하는 것이 서사비평이다. 사사기의 전체적인 내용에서 본 삼손 이야기는 블레셋이라는 이방 민족과 이스라엘 사이의 갈등을 묘사하는데, 그 가운데 야훼의 개입이 주도적인 역할을 한다. 이러한 갈등을 통해서 각 에피소드의 플롯이 형성된다. 어떤 사람이건 자신이

What is narrative Criticisim? (Minnenapolis, Augsburg Fortress, 1990), 14. 문학, 예술, 학문 등 인간 정신의 산물을 인간의 체험이 표현된 것으로 보고, 이해하기 위하여 해석의 방법과 규칙, 이론을 연구하는 학문이다.

[8] 권종선, 『신약성서 해석과 비평』(대전: 침례신학대학교 출판부, 2002), 14-15.

존경하고 따라하고 싶은 영웅이 있다면, 그는 그 자신의 내적 성장에 많은 도움이 될 사람이다.[9] 자신의 운명에 저항하는 비극적 영웅의 삼손 설화는 존재하질 않는다.[10]

드라마에서 장면 묘사식 구성은 삼손 이야기의 내적 모양의 한 요소이다.[11] 오늘 우리가 읽는 삼손은 존경할 만하고, 따름 직한 이야기이다.[12] 이것은 역사적인 자료를 모아 놓은 것이 아니다.[13] 내포저자[14]의 신학적 사상에 따라 잘 짜인 하나의 문학적-신학적 작업물이며 작품이다. 내포저자의 시점(point of view)에 따라서 이야기는 형성되며, 이것을 이끌어 나가는 이가 해설자이다. 따라서 우리는 본서에서 서사이론 중 하나인 "보여 주기"와 "설명하기"라는 도구를 가지고 삼손 이야기에 등장하는 등장인물들의 특성(Characterization)을 분석할 것이다. 그리고 이러한 분석을 통해서 나타나는 "아이러니"(Irony)와 "유비"(analogy)를 연구하고자 한다.

전 세계적으로 페미니즘이 휩쓸고 간 자리에 삼손이 설 자리가 없다. 전 세계적으로 삼손은 카사노바나 바람둥이로 전락해 버렸다. 사람들이 삼손을 이야기할 때, 실패한 사역자 또는 하나님께 불순종한 사역자로 깎아내린다. 한국교회의 많은 목회자나 신학자들이 삼손을 접할 때,

---

[9] 정형주, "삼손 설화와 드라마," 128.
[10] 정형주, "삼손 설화와 드라마," 128.
[11] 김원광, 『이스라엘 민족영웅 삼손』, 4-5.
[12] 내포저자는 사용하는 사람에 따라서 내재된 저자(implied Author)라 하기도 한다.
[13] 박종수, 『히브리 설화연구』(경기: 도서출판 글터, 1995), 16.
[14] Tammi J. Schneider, *Berit Olam: Studies in Hebrew Narrative & Poetry, Judges* (The liturgical Press, Minnesota, 2000), 193.

바람둥이나 카사노바로 인식해 설교를 꺼리거나 삼손을 평가절하한다. 정말 삼손이 단순히 바람둥이나 카사노바로 활약해 왔다면 성경에 기록되지 않았을 것이다. 많은 학자가 삼손을 실패한 인생으로 주장한다.

과연, 그들의 말처럼 삼손이 실패했는가?

삼손은 매우 영특한 사람이다. 자신의 첫 번째 아내인 가사 여인을 취할 때도, 그의 블레셋 친구들이 알아내지 못하는 수수께끼를 내주며 블레셋을 능멸했다. 특히 들릴라와 있을 때는, 여섯 번이나 블레셋 사람을 능멸했다. 특별히 한국교회 목회자들은 사사기를 자세히 읽어보지도 않고 결과만을 가지고 삼손을 평가한다.

과연 삼손의 사역은 실패한 것일까?

답을 먼저 말하자면, '아니다'이다. 사사기 16:30에 보면 삼손의 업적이 나온다.

> 삼손이 이르되 블레셋 사람과 함께 죽기를 원하노라 하고 힘을 다하여 몸을 굽히매 그 집이 곧 무너져 그 안에 있는 모든 방백들과 온 백성에게 덮이니 삼손이 죽을 때에 죽인 자가 살았을 때에 죽인 자보다 더욱 많았더라 (삿 16:30).

사람은 누구나 죽는다. 하나님의 마음에 합한 다윗도, 믿음의 조상 아브라함도 죽었다. 그의 죽음으로 이룬 것이 중요하지 그 사람이 얼마나 잘 살았나, 얼마나 부자인가 하는 것은 의미가 없다. 삼손이 카사노바나 망나니라고 하는 사람들의 평가는 부적절하다. 나실인에 대한 삼손의 태도나 그가 이스라엘과 블레셋의 문화에서 고립되고 주변화되어 그의 삶이 비극적 양태로 이끌리는 모습을 지적하는 해석자들이 있을지라도, 삼손 설화는 운명에 저항하는 비극적 영웅의 투쟁이다.[15]

사람들은 "삼손의 삶과 죽음"이 비극으로 끝나기 때문에 '하나님께 쓰임 받기를 거부한 자'로 묘사한다.[16]

타미 슈나이더(Tammi J. Schneider)도 그의 행동들을 부정적으로 묘사한다.[17] 즉 삼손이 잇따른 시민전쟁을 발발케 하였다는 것이다.[18] 그는 개인적 목적을 위해서 적과 교전을 시작했다.[19] 슈나이더는 이렇게 말한다.

> 삼손은 '여성에 대하여 무기력한 영웅'으로서 표현한다.

슈나이더는 현대 학문이 특별하게 '성차별주의자'라고 하는 점에서 삼손을 또 다른 하나의 예로 든다고 말한다. 다른 학자들도 마찬가지이다.[20] 그러나 삼손 당시의 상황을 묘사하지 않는 점에서 볼 때, 슈나이더의 논리는 맞지 않는다. 삼손 시대의 상황을 알아야한다. 그러므로 삼손을 "여성의 힘에 대한 무기력한 영웅"으로 보는 것은 타당하지 않다. 대부분의 삼손 시대의 사람들은 여성을 하나의 물건으로 취급했기 때문이

---

[15] 정형주, "삼손 설화와 드라마," 128-129.
[16] 이형원, 『하나님께 쓰임 받은 사람들』(서울: 한국강해설학교 출판부, 1998), 147-149.
[17] Tammi J. Schneider, *Berit Olam: Studies in Hebrew Narrative & Poetry, Judges*, 193.
[18] Tammi J. Schneider, *Berit Olam: Studies in Hebrew Narrative & Poetry, Judges*, 193.
[19] Tammi J. Schneider, *Berit Olam: Studies in Hebrew Narrative & Poetry, Judges*, 193.
[20] Tammi J. Schneider, *Berit Olam: Studies in Hebrew Narrative & Poetry, Judges*, 193.

다. 삼손의 가치관을 이 시대의 가치관으로 평가하는 경우가 있다. 삼손의 가치관은 삼손 시대의 가치관으로 보아야 한다. 왜 삼손이 태어났으며, 왜 죽어야 했는지 이 시대의 가치로 평가한다.

그렇다면 왜 수 많은 장애인은 태어나며, 그 부모들은 무슨 죄가 있겠는가?

청각 장애인들은 그 자신의 삶을 비청각 장애인과 동일시하려고 한다. 시각 장애인들은 자신의 삶을 조용히 받아들인다. 왜냐하면, 시각으로 유혹을 받지 않기 때문이다.

2. 이론적 배경

1) 삼손에 대한 이해

드라마에는 비극, 희극 등이 있다.
"삼손 이야기의 장르는 무엇인가?
희극인가 비극인가?
비극의 영웅인가?
희극의 영웅인가?"[21]
많은 학자는 삼손 이야기를 비극의 영웅으로 묘사한다.

---

[21] 정형주, "삼손 설화와 드라마," 128.

필자는 삼손이 그렇게밖에 할 수 없었던 이유를 좀 더 깊이 이해하고자 한다. 저 거룩한 신이 아니라 한 사람의 인간으로서의 삼손을 보고자 한다.

1798년 이전에 알려진 고대 근동의 역사는 주로 성경과 그리스 역사의 여러 가지 양상을 보존했던 초기 그리스 역사가들로부터 얻어진 것이다.[22] 이들 역사가 중 가장 주요한 학자는 헤로도토스(Herodotus)였다.[23] 그는 다음과 같이 말했다.

> 나, 할리카르나소스(Halicarnassus)의 헤르도토스는 여기에 내 역사를 제시한다. 그럼으로써 시간이 지난다 해도 사람들이 했던 일이나 그리스인들과 야만인들 모두가 보여 준 위대하고 놀라운 일들이 퇴색되지 않도록 하고, 또한 그들의 기록이 남지 않는 일들이 없도록 하며, 이러한 모든 그들의 것들과 함께 그들이 서로 싸웠던 이유를 잊지지 않도록 하는 것이다.[24]

역사를 저술하기 위해 헤로도토스의 제1차 목표는 기원전 5세기 전반기에 있었던 페르시아인들과 그리스인들 사이에 적대감을 설명하는 것이었다.[25] 그의 저서는 일반적으로 흩어지게 되었는데, 일부분은

---

[22] John D. Currid, 『고대 근동 신들과의 논쟁』, 이옥용 역 (서울: 새물결 플러스, 2017), 17.
[23] John D. Currid, 『고대 근동 신들과의 논쟁』, 17.
[24] John D. Currid, 『고대 근동 신들과의 논쟁』, 17.
[25] John D. Currid, 『고대 근동 신들과의 논쟁』, 17.

이집트, 바빌로니아, 앗수르, 바사, 그리고 고대 근동의 다른 지역들의 역사에 관련된 정보를 포함한다.[26] 그들의 증언의 상당 부분이 이집트 제사장들과 같이, BC 5세기의 원주민들이 제시했던 구전 전승으로부터 왔다는 것이다.[27] 어쨌든 19세기까지는 고대 근동의 역사적 증거가 아직 미숙했다.[28] 19세기에는 고고학(考古學)이 고대 근동을 이해하는 데 주요한 증거를 제시하지 못했다.[29] 물론 고고학 분야는 19세기에도 있었다.[30] 현대의 현장 작업은 AD 1738년, 나폴리만(the Gulf of Naples)에 위치한 헤르쿨라네움(Herculaneum)에서 이뤄진 조직적인 발굴(a systematic search)로부터 시작되었다.[31]

헤르쿨라네움에서 터널을 파고 들어가 보니 지금은 나폴리의 박물관에 있는 장엄한 조각상이 발굴되었다. 카를 베버(Karl Weber=Charles의 별칭 Weber=남자 이름)는 이러한 초기 발굴 시기에 아주 정확한 건축 청사진을 그려놓았다. 발굴이 결국 헤르쿨라네움에서 정지되었는데, 그 지역을 덮고 있는 화산 찌꺼기를 수 미터나 뚫고 들어가야 하는 게 큰 문제였다.[32]

---

[26] John D. Currid, 『고대 근동 신들과의 논쟁』, 17.
[27] John D. Currid, 『고대 근동 신들과의 논쟁』, 17.
[28] John D. Currid, 『고대 근동 신들과의 논쟁』, 18.
[29] John D. Currid, 『고대 근동 신들과의 논쟁』, 18.
[30] John D. Currid, 『고대 근동 신들과의 논쟁』, 18.
[31] John D. Currid, 『고대 근동 신들과의 논쟁』, 18.
[32] John D. Currid, *Doing Archaeology in the Land of the Bible* (MI: Baker, 1999), 18.

프랑스의 나폴레옹은 1798년 학자와 미술가들, 그리고 건축자들을 데리고 이집트를 침략하였는데, 이들의 제1차 목적은 이집트의 고대 유물을 찾는 것이었다.[33] 그리고 나폴레옹 원정대는 이집트 고고학의 가장 주요한 발굴을 했다.[34] 전부가 왕족은 아니지만 대부분 왕족이었다.[35] 그중에서 가장 중요한 발견물은 1922년 하워드 카터(Howard Carter)가 발굴한 투탕카멘(Tutankhamen)이었다.[36] 처음에는 이집트 상형문자를 해독할 수 없었다.[37]

그러나 영국 의사인 토마스 영(Thomas Young)과 프랑스 언어학자인 장-프랑수아 샹폴리옹(Jean-Francois Champollion)이 언어학적 연구를 수행하여 상형문자를 이해할 수 있었다.[38] 상형문자는 고대 이집트가 매우 발달된 문화이었기에 연구할 가치가 있다.[39]

카르나크(Karnak)에 있는 아몬(Amon)의 주 신전의 부바스티스 문(Bubastie Portal)에 크게 부조되어 있는 승전 내용을 번역해 곧 열매를 맺었는데 이 부조는 BC 10세기에 시삭 왕이 이스라엘을 침공한 사실을 보여준다(왕상 14:25-26).[40] 당시 학계에서는 발견된 것을 있는 그대로 받아들이는 분위기가 팽배해 있었고, 고대 연구가들은 고대 근동의 역사와 성경

---

[33] John D. Currid, 『고대 근동 신들과의 논쟁』, 19.
[34] John D. Currid, 『고대 근동 신들과의 논쟁』, 19-20.
[35] John D. Currid, 『고대 근동 신들과의 논쟁』, 20.
[36] John D. Currid, 『고대 근동 신들과의 논쟁』, 20.
[37] John D. Currid, 『고대 근동 신들과의 논쟁』, 20.
[38] John D. Currid, 『고대 근동 신들과의 논쟁』, 21.
[39] John D. Currid, 『고대 근동 신들과의 논쟁』, 21.
[40] John D. Currid, 『고대 근동 신들과의 논쟁』, 21.

의 역사를 일치시키는 데 문제점들이 있음을 인식했지만, 학계에서는 중요 견지에서 해석학적 의혹이 있었던 것으로 보이지 않는다.⁴¹

스미스(Smith)는 앗시리아의 홍수 이야기를 번역하고 다음과 같이 말한다.

> 설형으로 새겨진 기록들은 이 질문(인간의 수명이 가장 긴 사람들의 이야기, 인류가 살았던 낙원은 어디 있는가?)들을 새롭게 조명해 주고 있으며, 미래의 학자들이 연구해야 할 자료를 제공해 준다.⁴²

알렉산더 하이델(Alexander Heidel)이 지적한 것처럼 이 논문은 유럽 전역에 엄청난 관심을 불러일으켰고, 설형문자의 기록들에 관한 연구를 촉진하는 계기가 되었다.⁴³ 그 당시에 많은 학자가 메소포타미아의 기록에 성경이 의존하고 있다고 결론 내렸다.⁴⁴ 이렇게 생각한 대표적인 사람이 프리드리히 델라취(Friedrich Delizch)이다.⁴⁵ 그는 "창세기가 바벨론의 영향을 받아 성경이 그것을 표절했다"고 결론 내렸다.⁴⁶

19세기 후반과 20세기 초반의 학자들은 히브리 저자들이 그냥 성경을 기록했다고 보지 않았다.⁴⁷ 이교도의 사상을 빼는 작업을 진행했다

---

41 John D. Currid, 『고대 근동 신들과의 논쟁』, 23.
42 John D. Currid, 『고대 근동 신들과의 논쟁』, 25.
43 John D. Currid, 『고대 근동 신들과의 논쟁』, 25.
44 John D. Currid, 『고대 근동 신들과의 논쟁』, 25.
45 John D. Currid, 『고대 근동 신들과의 논쟁』, 25-26.
46 John D. Currid, 『고대 근동 신들과의 논쟁』, 26.
47 John D. Currid, 『고대 근동 신들과의 논쟁』, 26.

는 것이다.[48] 주요한 줄거리가 바벨론에서 기원했다고 믿었다.[49] 이러한 믿음은 20-21세기의 많은 문헌에서 사실로 받아들여졌다.[50]

고대 근동의 문헌들을 발견하는 일은 더욱 늦게 이루어졌다.[51] 예를 들어 가나안의 문화는 1929년에 라스 샤므라(Ras Shmra)에서 발굴되어 우가리트 문헌이 발견되기 전까지는 주로 성경을 통해 알려지곤 했다.[52] 고대 근동 연구에서 주요한 해는 보아즈코이(Bogazkeoy)에서 히타이트족의 도시 하투사(Hattusa)가 발견되기 시작했던 1906년이었다.[53] 그곳에서 고고학자들은 여러 언어로 된 수많은 기록을 발견했으며, 히타이트족의 기본 역사와 문화에 대하여 알 수 있게 되었다.[54]

중요한 고고학자인 휴고 윙크리키(Hugo Winker)는 히타히트 왕족의 고문서 보관소를 발견했다.[55] 대부분 히타이트 언어로 기록돼 히타이트어 사전이 필요하게 되어 이로부터 10년 이내에 시카고대학교의 동양학연구소(The Oriental Institute of the University of Chicago)에서 프로젝트를 시작해 1975년에 히타이트어 사전이 완성되었다.[56] "성경의 역사를 조명해 줄 내용을 발견하고자 하는 열망"이 19세기 고대 근동 연구에서

---

[48] John D. Currid, 『고대 근동 신들과의 논쟁』, 26.
[49] John D. Currid, 『고대 근동 신들과의 논쟁』, 26.
[50] John D. Currid, 『고대 근동 신들과의 논쟁』, 27.
[51] John D. Currid, 『고대 근동 신들과의 논쟁』, 28.
[52] John D. Currid, 『고대 근동 신들과의 논쟁』, 28.
[53] John D. Currid, 『고대 근동 신들과의 논쟁』, 28.
[54] John D. Currid, 『고대 근동 신들과의 논쟁』, 28.
[55] John D. Currid, 『고대 근동 신들과의 논쟁』, 28.
[56] John D. Currid, 『고대 근동 신들과의 논쟁』, 29.

굉장한 역할을 했다.⁵⁷

히타이트 문서에는 BC 15-13세기 언약-조약 사이에 유사성이 있음을 보여 주었다.⁵⁸ 이 시대에 고고학자들이 주요한 설형문자를 발견하였다.⁵⁹ 고대 근동의 다른 문화와 책들을 발견하는 것은 이집트와 메소포다미아보다 더욱 느리게 이루어졌다.⁶⁰

수많은 책 중 하나는 1925년과 1933년에 누지(Nizi)에서 발굴되었다.⁶¹ 이 문서들은 정치, 종교, 법률 등을 포함하는 다양한 주제들을 포함했다.⁶² 누지의 발굴은 기독교를 옹호하려는 작업에 그치지 않았고 자연스럽게 성경의 많은 것들을 알게 해 준다.⁶³ 고고학은 제1, 2차 세계대전을 거치면서 크게 성장하여 "보물찾기에 불과하다는 인식을 벗어버렸다."⁶⁴

결론적으로 20세기 전반기에는 대체로 발굴의 시기였다.⁶⁵ 이 당시 전에는 대부분 알려지지 않았던, 여러 언어로 기록된 수많은 서판(돌에 새겨진 글들)이 발견되었다.⁶⁶ 고고학 분야는 세련된 발굴 기술과 방법을

---

57 John D. Currid, 『고대 근동 신들과의 논쟁』, 28.
58 John D. Currid, 『고대 근동 신들과의 논쟁』, 27-28.
59 John D. Currid, 『고대 근동 신들과의 논쟁』, 29.
60 John D. Currid, 『고대 근동 신들과의 논쟁』, 28.
61 John D. Currid, 『고대 근동 신들과의 논쟁』, 29.
62 John D. Currid, 『고대 근동 신들과의 논쟁』, 30.
63 John D. Currid, 『고대 근동 신들과의 논쟁』, 30.
64 John D. Currid, 『고대 근동 신들과의 논쟁』, 31.
65 John D. Currid, 『고대 근동 신들과의 논쟁』, 31.
66 John D. Currid, 『고대 근동 신들과의 논쟁』, 31.

개발했으며 학문적 힘 역시 키워 왔다.[67] 지난 세기 중반부터 시작된 현대의 고대 근동 연구는 벌써 발견된 자료 위에 건축물을 지어 나가는 시기였다.[68] 고대 근동의 언어 연구는 믿을 수 없을 만큼 진전을 이루었고, 고대 근동 지역의 언어로 알려진 주요 사건들은 이미 책으로 출간되었다.[69]

비록 톰슨(Thomson)이 과격한 과거의 견해를 가지고 있다고 해도, 현대 학계가 공통적으로 성경적 역사가 선전을 위해 만들어졌다고 보는 견해가 사실이다.[70] 다시 말해, 성경적 역사는 진정한 역사적 자료들이 아니라, 바벨론 유수 이후에 저자들에 의해 저술되었던 기사들로 이해된다.[71] 구약 초기의 이야기들을 고대인들이 전혀 알지 못하는 이야기이다.

현대의 역사적 연구 기준과 고대 이스라엘을 현대의 과학적 정밀성으로 판단해야 하는가?[72]

현대의 진리에 따라 구약의 문서를 해석해야 하는가?

즉, 현대의 눈으로 구약세계를 판단해야 하는가?

예를 들어, 아브라함이 네 명의 아내를 거느린 것을 현대의 시각으로 보아야 하는가 하는 문제와 같다. 현대의 시각으로는 아브라함이 네 명의 아내를 취하는 것이 불법이다. 그러나 아브라함 시대에는 극히

---

[67] John D. Currid, 『고대 근동 신들과의 논쟁』, 31.
[68] John D. Currid, 『고대 근동 신들과의 논쟁』, 32.
[69] John D. Currid, 『고대 근동 신들과의 논쟁』, 32-33.
[70] John D. Currid, 『고대 근동 신들과의 논쟁』, 34.
[71] John D. Currid, 『고대 근동 신들과 논쟁』, 34.
[72] 정용진, "성서는 어떻게 기록되었는가?"(목회학석사 학위논문, 침례신학대학교, 2002), 3.

타당한 일이었다. 존 월튼(John Waliton)은 히브리 성경에 대해 어떤 구절도 구약의 세계와 현대를 비교하지 않는다고 말했고,[73] 창세기의 처음 기사들은 "계시된 진리라기보다는 문화적인 묘사"라고 했다.[74]

그리스도인들은 성경을 경전으로 가지고 있다. 그리고 그러한 성경은 수 세기를 거치면서 읽혀 왔고, 또 읽고 있다. 성경은 "하나님의 계시 기록"이다. 그래서 성경은 하나님이 인간에 대한 자기 자신의 표현이다. 즉, 신탁(Oracle 또는 divine message)이다. 그리고 그것은 인간의 언어(language)로 "기록"(written)돼 있다. 그러한 의미에서 성경은 하나님의 표현을 인간의 언어로 기록한 하나의 문학 작품이다. 성경은 이렇듯 두 가지의 성격이다.

성경은 어느 날 갑자기 우리에게 '툭' 하고 던져진 것이 아니다. 또한, 어떤 한 사람에 의해서 저작된 것도 아니다. 수많은 세기를 거치면서 구전된 그 전승들을 다양한 사회의 그룹들이 수집하여 자신들의 신학적인 의도에 따라 형성하였다. 그러한 의미에서 성경도 인간의 해석적 작업이 필요한 것이다.

18세기에 들어서면서 계몽주의 사상이 발전하였다. 그리고 그것은 인문주의를 낳았다. 인간의 생각이 풍성해지면서 자연히 신학에도 영향을 주었다. 이 생각이 주목받으면서 신학에도 영향력을 받았다. 이 시대를 이성의 시대(age of reason)라 부른다. 많은 학자는 성경을 현대

---

[73] John D. Currid, 『고대 근동 신들과 논쟁』, 35.
[74] John H. Walton, *The Lost World of Genesis One Ancient Cosmology and the Origitns Deboate* (Downers Grove, IL: InterVarsity Press, 2002), 19.

문학적 방법론(Literary Method)에 입각하여 연구하기 시작했다.

그것은 소위 "역사적 성경연구"(Historical Biblical Study)라는 이름으로, 자료비평(Source Criticism), 양식비평(Form Criticism), 편집비평(Redaction Criticism), 전승사적 비평(Tradition-historical Criticism)으로 연구했다.[75] 이러한 역사비평 연구는 기존의 전통적 기독교 성경해석에 많은 도전과 함께 많은 자료를 제공하여 온 것도 사실이다. 그러나 그 부작용으로 인하여 결국 성경을 심하게 난도질하거나, 기적과 같은 부분들, 즉 이성으로 이해할 수 없는 것들을 연구에서 배제하는 결과를 가져 왔다.[76]

먼저 말해야 할 것은 성경은 하나님의 계시라는 점에서 일반 문학이나 학문과는 다르다는 인식이 필요하다. 다시 말해, 해석자의 신앙적인 자세가 필요하다는 말이다.[77] 이것은 기독교인들이 전제하는 해석의 자세이다. 우리가 성경을 해석하기 위해서는 성령의 "조명"을 원한다. 반면, 기독교인이 성경을 해석한다는 것은 기독교인이 "하나님의 계시된 말씀"을 해석한다는 것이다.

그렇다면, 성경은 어떤 의미에서 "하나님의 말씀인가?"

---

[75] 역사적 비평방법은 Stephen R. Haynes and Stvenes L. McKenzie, *an introduction to biblical criticisms and their applications*, 1993; 이형원, 『구약성서 비평학 입문』(대전: 침례신학대학 출판부, 1991); Richard E. Friedman, 『누가 성서를 기록했는가』, 이사야 역 (서울: 한들출판사, 1992) 등을 참조하라.

[76] R. Bultmann의 경우가 그 대표적인 예인데, 그는 신약을 비신화화함으로써 성경에 기록된 기적 이야기들을 이성으로 이해할 수 없다고 규정하였다. 참조. R. Bultmann, *History and Eschatology*, The Gifford Lecture 1995 (Edinburgh: Edinburgh University Press, 1958).

[77] 권종선, 『신약성서 해석과 비평』(대전: 침례신학대학 출판부 2002), 13.

그것은 인간의 말(word)을 매체로 삼아 주어진 말씀이다.[78] 그리고 특히 구약성경의 경우 고대 히브리인들의 삶과 경험을 토대로 일어난 이야기이다.

서사비평(Narrative Criticism)은 저자의 문제나, 자료의 출처나, 처음 저자와 독자의 삶의 자리(siz im Leben), 편집자의 신학적 의도(Editorial Criticism, 편집비평)에는 관심이 없다. 서사비평은 텍스트(Text)를 내포독자(Implied Reader)로 읽는 것이다.[79] 오직 성경 본문이 하나의 완성된 문학 작품이라는 전제를 가지고 해석한다. 그래서 서사비평에는 단절성이 존재할 수 없다.[80] 서사비평의 주된 목표는 텍스트 안에 있는 내포저자(Implied Author)의 사상을 내포독자로 읽는 것이다.[81] 그래서 서사비평은 내포독자를 중요하게 생각한다. 다시 말해, 구조주의(Structuralism)처럼 내포독자는 실제 성경의 본문을 읽어 내어 그 문학적 기교, 즉 플롯(Plot), 등장인물들(Characters) 그 등장인물들의 갈등이, 해설자의 서술(Narrative), 그 이야기들의 전달방식, 독자의 평가 등을 고려하는 것이 서사비평이다. 그리고 이러한 점에서 역사비평(Historical Criticism)과의 차이점이라 할 수 있다.

삼손 이야기는 구약의 사사기 내용 중에서 가장 가운데에 자리 잡고 있다. 사사기 1:1-2:5은 사사기의 서론 부문으로 가나안을 완전하게

---

[78] 박종수, 『히브리 설화 연구』(경기: 도서출판 글터, 1995), 12.
[79] Mark A. Powell, *What is Narrative Criticism* (Minneapolis: Fortress, 1990), 20.
[80] 박종수, 『히브리 설화 연구』, 20.
[81] 박종수, 『히브리 설화 연구』, 20.

정복하지 못했다는 점을 이야기한다. 사사기 2:6-16:31에는 이스라엘의 범죄와 이스라엘의 범죄와 타락상과 사사들의 활약상이 나타난다. 그리고 마지막으로 단 지파의 범죄와 베냐민 족속의 정복(삿 17:1-21:25)으로 사사기는 끝이 난다. 이 내용 구분을 대부분 학자가 동의한다.[82] 그 사사들의 이야기 중 제일 마지막 부분에 삼손의 이야기가 나타난다.

삼손 이야기는 하나의 잘 짜인 서사(Narrative)이다. 특별하게 이 부분에 나오는 내러티브의 요소들은 전형적인 히브리 문학 구조의 패턴을 따르고 있다.[83] 그리고 장르적인 요소들, 즉 수사적 요소, 형식 등은 각각의 단락마다 다른 구성 요소를 가지고 있다.

제임스 크렌쇼(James L. Crenshaw)는 다음과 같이 설명한다.

> 이 스토리는 히브리 수사적 요소(rhetoric)의 각기 다른 여러 분야에서 얻은 수식들(장식들)을 잘 엮어 내고 있다.[84]

이 삼손 이야기는 히브리 서사의 요소들을 골고루 갖추고 있다.[85] 제임스 크렌쇼는 삼손 이야기에 대해서 다음과 같이 말한다.

---

[82] Raymond B. Dillard and Tremper Longman, 『히브리 설화 연구』, 박철현 역 (경기: 크리스챤 다이제스트, 1997), 184.

[83] Trent .C Butler, 『사사기』, *Word Biblical Commentary*, 조호진 역 (서울: 도서출판 솔로몬, 2011), 757.

[84] James L. Crenshaw, *Samson, Anchor Bible Dictionary*, vol. Ⅴ, ed, David L. Freedman (Doubelday a division of Bantam Doubleday Dell Publishing Group, Inc, 1992), 950.

[85] 전의영, "설화비평 관점에서 본 삼손 이야기 연구"(철학박사 학위논문, 강남대학교 일반대학원, 2006), 15.

삼손 스토리에 대해 이스라엘의 내러티브의 예술이 절정에 가까운 모습을 보인다.[86]

2) 중기 청동기 시대, 늦은 청동기 시대

이스라엘의 성경 이야기가 시작된 이래, 창조 이야기 또는 노아의 홍수 이야기를 들은 생존자에 관한 성경 이야기이다.[87] 여러 가지로 아브라함은 첫 번째 이스라엘로서 - 비록 이스라엘이 그의 자손을 만들었을지라도 - 존재했다.[88] 이 방법은 대부분 이스라엘의 역사는 BC 2세기 때로는 몇몇의 초기 이스라엘 그리고 늦은 이스라엘로부터 그들의 이야기가 되어 왔다.[89] 두 번째 세기에는 많은 공간에 살았다. 그러나 삼손 이야기(BC 1050-1000)는 기록된 이스라엘의 역사를 보여 준다.[90]

박종수는 자신의 글 『히브리 설화 연구: 한국인의 문화 통전적 성경이해』에서 히브리 설화[91]에는 신화, 전설, 민담의 특징이 나타나면서

---

[86] James L.Crenshaw, *Samson: A Scert Betayed, A Vow Ignored* (John Knox, 2005), 149.
[87] Lester L. Grabbe, *Ancient Israel, who do we know and How do we know it?* (New york and London: Continuum, 2006), 39.
[88] Lester L. Grabbe, *Ancient Israel, who do we know and How do we know it?*. 39.
[89] Lester L. Grabbe, *Ancient Israel, who do we know and How do we know it?*. 39.
[90] 좀 더 깊이 이스라엘 역사를 알려면 Lester L. Grabbe, *Ancient Israel, who do we know and How do we know it?*. 39 이하를 참조하라.
[91] 학자들에 따라서 "Narrative"를 "설화" 또는 "서사"라 한다. 여기서는 독자들의 이해를 위해 설화를 서사로 사용하기로 한다. 그러나 참고자료의 저자가 설화로 사용했을 때는 그 표현을 따라 "설화"로 사용하기로 한다.

동시에 이스라엘의 신앙의 특징을 가지고 있다고 말한다.[92] 그 특징은 다음과 같다.

첫째, 구전성과 산문성을 가지고 있다.[93]

둘째, 구연성을 가진다. 이 말은 서사의 구전성과 산문성은 구연을 가능하게 하고, 삶의 자리(Sitz-im-Leben)를 추측할 수 있다.[94]

셋째, 간결성이다. 즉, 기억하기 쉽다.[95]

넷째, 구체적 영성이 있다. 서사의 주제의 명확성과 이면에 있는 신앙 공동체의 신앙이 있다.[96]

다섯째, 거룩성이다. 즉, 성경은 하나님의 섭리가 내포하고 있다.[97]

여섯째, 불변화성이다. 공동체에 의해서 거룩한 문서로 정경화 되면 고정적인 하나님의 말씀이다.[98]

일곱째, 비역사성이다. 성경은 역사적 자료가 아니라, 해설자(Narrator)의 주 관심사는 사건이 주는 신적인 의미이다.[99] 굳이 역사적 정황을 찾는다면 후기 청동기 시대 다음에 시작된 철기 시대의 팔레스타인은 상당한 사회-정치적 변화를 겪었다.[100] 팔레스틴의 후기 청동기 시

---

[92] 박종수, 『히브리 설화 연구』, 39.
[93] 박종수, 『히브리 설화 연구』, 39.
[94] 박종수, 『히브리 설화 연구』, 39.
[95] 박종수, 『히브리 설화 연구』, 39.
[96] 박종수, 『히브리 설화 연구』, 39.
[97] 박종수, 『히브리 설화 연구』, 39..
[98] 박종수, 『히브리 설화 연구』, 39.
[99] 박종수, 『히브리 설화 연구』, 39.
[100] 우택주, 『8세기 예언서 이해의 새 지평』,(서울: 대한기독교서회, 2005), 48.

대는 도시국가로 이루어져 있었다.[101] 이들은 대부분 비옥한 가나안 평야 지대와 계곡에 위치하였다.[102] 도시국가들은 왕이 차지하고 그 주변의 촌락들을 경제기반으로 삼았다.[103] 삼손은 이 시기에 활동하였다.

여덟째, 저자의 익명성이다.[104]

아홉째, 민중성과 집단성이 있다. 저자의 익명성은 개인의 신앙과 정서를 가지지만, 또한 공동체의 이념과 종교적 신념을 포함한다.[105]

열째, 전파성과 국제성이다. 히브리 서사는 때로는 배타성을 가진다. 하지만 공동체의 삶의 모습을 반영하기에 타문화권과 쉽게 교류할 수 있다.

열한째, 도덕성, 종교성과 윤리성을 가진다.[106]

이러한 의미에서 제임스 크렌쇼는 다음과 같이 말하였다.

> 영웅 삼손 이야기는 이스라엘의 이야기 예술이 절정에 다다른 모습을 보여 준다.[107]

그러므로 서사란 허구 또는 실제의 사건이나 행위를 묘사하기 위해

---

101 우택주, 『8세기 예언서 이해의 새 지평』, 48.
102 우택주, 『8세기 예언서 이해의 새 지평』, 48.
103 우택주, 『8세기 예언서 이해의 새 지평』, 48.
104 박종수, 『히브리 설화 연구』, 40.
105 박종수, 『히브리 설화 연구』, 40.
106 박종수, 『히브리 설화 연구』, 40.
107 James L. Crenshaw, *Samson, a Secret Betrayed, a Vow Ignored* (Atlata: John Knox Press, 1978), 149.

이야기 구조(narrative structure)로 설명하는 것이다.[108] 다시 말하면 서사란 이야기의 모든 형태로 이해될 수 있다. 이런 측면에서 우리는 현대의 서사 비평이라는 도구를 사용하여 삼손 이야기를 해석해 보는 것이다.

3. 연구방법

제1장에서는 문제를 제기한다.

왜 삼손 이야기를 문학비평의 방법론 중 하나인 서사비평으로 해석하는가?

이러한 서사비평 해석이 얼마나 학문적으로 가치가 있는 것인가를 논하고, 한편으로는 얼마나 교회를 위한 공헌을 할 수 있을 것인지를 설명할 것이다.

연구방법은 다음과 같다. 내포저자, 즉 해설자가 "말하기"(telling)를 통해 등장인물들의 특징을 "들려줌"으로 파악되는 그들(등장인물)의 특징을[109] 규명하고자 한다. 또 우리는 내포저자가 "보여줌"(showing)을 통해서 등장인물들의 특징(Characterization)을 설명하는 것을 규명할 것이다.[110] 그리고 이렇게 특징 지워진 등장인물들과 관련된 아이러니와 유비를 찾아낼 것이다. 그 이름에서 알 수 있듯이 서사비평은 서사 이야

---

[108] 서정남, 『영화 서사학』 (서울: 생각나무, 2007) 8.
[109] Mark A. Powell, *What is Narrative Criticism?*, 52.
[110] Mark A. Powell, *What is Narrative Criticism?*, 52.

기라고 하는 한 특정한 문학 유형을 탐독하는 것이다.[111] 이야기는 이야기(Story)와 담론(discourse)이라는 두 가지 측면으로 제공한다.[112]

하나의 이야기는 사건(events), 등장인물(characters), 배경(setting)이라는 요소들로 이루어진 것이며, 이 세 요소의 상호작용(plot)이라고 한다.[113] 담론은 서사 수사학의 이야기가 진행되는 방식을 제공한다.[114] 내포저자의 영향력은 텍스트에 나타난 관점과 내레이터의 관점과 독자의 접촉점에 관심을 가진다는 것이다.[115]

우리는 때로 저자의 평가 관점으로 이해해야 한다. 예를 들어 "카우보이는 선하고 인디언은 악하다"는 평가 관점이 필요한데, 서부 이야기에서 그 부분의 평가 관점은 이해하는 한 방식이다.[116]

제2장에서는 소설이 왜 서사로 옮겨가야만 하는지에 대해 설명할 것이다. 오번탁과 이남호에 의하면 인간은 서사적 존재이기에 이 세상에서 서사는 없어질 수 없는 것이라고 말한다.[117] 더 나아가 서사의 세상이 열렸다고 선포한다.[118] 우리의 삶은 끊임없는 서사로 이어진다. 그 시대의 아무리 뛰어난 과학자나 수학자들의 삶도[119] 서사를 뿌리칠 수 없다.

---

[111] Mark A. Powell, *What is Narrative Criticism?*, 23.
[112] Mark A. Powell, *What is Narrative Criticism?*, 23.
[113] Mark A. Powell, *What is Narrative Criticism?*, 23.
[114] Mark A. Powell, *What is Narrative Criticism?*, 23.
[115] Mark A. Powell, *What is Narrative Criticism?*, 23.
[116] Mark, A. Powell, *What is Narrative Criticism?*. 24.
[117] 오번탁·이남호,『서사문학의 이해』(서울: 고려대학교 출판부, 1999), 28-29.
[118] 오번탁·이남호,『서사문학의 이해』, 28-29.
[119] 과학이나 수학의 삶도 과학을 하는 과정에서, 수학을 하는 과정에서, 그 삶의 이야기 하는 과정에서 이미 설화적 요소를 가지고 있다. 다시 말해, 과학자가 자신의

소설은 그 시대상이나 시대적 분위기를 대변하거나 반영하여 나타난다.[120] 히브리 고대 소설도 예외는 아니다. 그 시대상과 그 시대적 분위기를 반영하고 있다. 그래서 우리는 히브리 고대 소설이 서사로 확대되는 것을 통해 서사의 역할을 강조하고자 한다. 이로 인해 히브리 고대 소설 또는 서사가 오늘 우리에게 어떤 의미를 주는지 밝히고자 한다. 아울러 히브리 고대 민담이나 설화를 서사로 설명함으로써 우리에게 구약성경이 지닌 영향력을 살펴보고자 한다.

제3장에서는 해설자가 "설명하기"(telling)를 통하여 인물들의 특징을 분석하고, 내포저자가 "보여 주기"(showing)를 통하여 공간적-시간적 행동들을 분석하고 설명하고자 한다. 또한 "말"과 "대화"를 통해서 그러한 행동들이 어떤 의미가 있는지 살펴볼 것이다.

제4장에서는 제3장에서 설명한 그 방법론을 가지고 삼손 이야기 시대적 배경을 설명할 것이다. 삼손, 이스라엘, 블레셋, 야훼 등을 분석할 것이다. 그리고 삼손 이야기의 구조를 설명하고, 아울러 줄거리를 살펴보고자 한다. 그리고 이후 등장인물들의 특성(Characterization)의 분석을 통한 아이러니와 유비를 연구할 것이다. 즉, 마노아와 그의 아내와 야훼의 사자 사이에 나타난 아이러니와 유비, 삼손과 블레셋-이스라엘 사이의 아이러니와 유비, 야훼와 삼손의 관계에 나타난 아이러니와 유비, 성(性)과 관련된 삼손의 아이러니와 유비 등을 통해 삼손 이야기를 이해하고자 한다.

이야기를 대중에게 전달하는 과정도 이미 설화의 형태를 띠고 있다.
120 오번탁·이남호, 『서사문학의 이해』, 28-29.

제5장은 결론으로서 전체 논의를 요약한다.

제6장에서는 서사비평으로 본 삼손 이야기가 오늘날 우리에게(교회, 지도자, 그리고 성도들) 주는 교훈과 의미를 생각해 보고자 한다.

제2장

서사이론의 등장

1. 소설에서 서사로

모든 문학 장르가 나름대로 수명과 흥망성쇠가 있다.[1] 오늘 소설이라고 불리는 문학 장르는 근대와 함께 시작되었으며, 근대의 발전과 함께 꽃을 피웠다.[2] 그러나 21세기 포스트모더니즘이 발달함에 따라 점차 소설은 그 힘을 잃었지만, 소설 양식의 쇠퇴가 서사의 쇠퇴를 뜻하지는 않는다고 오탁번, 이남호는 지적한다.[3]

일기나 기행문도 서사에 속하고, 이러한 언어적 서사뿐 아니라 영화,

---

[1] 오탁번·이남호, 『서사문학의 이해』, 24.
[2] 오탁번·이남호, 『서사문학의 이해』, 24.
[3] 오탁번·이남호, 『서사문학의 이해』, 28.

만화, 오페라, 그림과 같은 비언어적 서사도 많이 있다고 한다.[4]

지난 1세기 동안 소설은 서사의 대표적인 양식이었으며, 소설이론이 대표적인 서사이론을 대신하였던 것으로 파악된다.[5] 말할 것도 없이 소설의 이론은 근대소설의 근대자료를 대상자로 하여 그것들에서 두루 발견돼는 공통적 성격을 귀납하여 나름대로 체계화한 것들이다.[6] 그래서, 근대소설의 양식이 쇠퇴하면 기존의 소설이론 역시 무의미해질 것이다.[7] 그대 소설의 쇠퇴가 서사가 주목받는 시대라서, 소설이론은 서사이론으로 대체될 것이 자명하다.[8]

소설이란 끊임없이 유동적인 양식이며 기존 양식에 대해 대립적인 담화라면, 소설이론 또한 그에 따라 바뀔 수밖에 없다.[9] 즉, 소설의 쇠퇴는 필연적으로 소설이론의 쇠퇴를 동반하고, 소설의 위기는 필연적으로 소설이론의 위기를 동반하며, 서사이론으로 옮겨간다.[10] 모든 것은 서사로 통한다. 한 개인 과학자의 생애도 서사에 속하며, 일기나, 기행문도 서사에 속하며 하물며 이름 없는 촌부의 생애도 서사에 속한다.

---

[4] 오탁번·이남호, 『서사문학의 이해』, 28-29.
[5] 오탁번·이남호, 『서사문학의 이해』, 30.
[6] 오탁번·이남호, 『서사문학의 이해』, 30.
[7] 오탁번·이남호, 『서사문학의 이해』, 30.
[8] 오탁번·이남호, 『서사문학의 이해』, 30.
[9] 오탁번·이남호, 『서사문학의 이해』, 30.
[10] 오탁번·이남호, 『서사문학의 이해』, 30-31.

2. 서사비평과 구약성경

성경 저자는 이스라엘의 삶에 대해 보고된 것을 어떻게 이야기(narrative)로 창조하였나?[11]

사사기 13:1-20에는 삼손의 출생에 관한 오래된 이야기에 넘겼다.[12] 내레이터에 따르면, 삼손은 아주 짧은 기간에 위대한 일을 해내지 못했다.[13] 사사기 13:18-19을 보자.

> 여호와의 사자가 그에게 이르시되 어찌하여 내 이름을 묻느냐 이를 묻느냐 내 이름은 기묘니라 이에 마노아가 염소 새끼 하나와 소 제물을 취하여 반석 위에서 여호와께 드리며, 마노아와 그의 아내가 본즉 (삿 13:18-19).

필자는 계속해서 어떤 무엇이 무슨 악한 일을 했었나를 추적하였다 (삿 3:12).[14] 전체에서 중요한 것 중, 우리는 텍스트(Text) 안의 연결된 국면과 대화에서 아름다운 말씀의 순간적 선택, 자세하게 본문 안에 연결의 전체적으로 대화의 작은 운동, 나레이션(Narration)의 측면 그리고

---

[11] Robert Alter, *The Art of Biblical Narrative* (New York: Basic Books, 1981), 63.

[12] James L Crenshaw, *Samson: a Secret Betrayed, a Vow Ignored* (Atlanta: John Knox Press, 1978), 1-9..

[13] Pnina Galpaz-Feller, *Samson: The Hero and the Man* (New York; Oxford: Peter Lang, 2006), 1-3.

[14] Robert Alter, *The Art of Biblical Narrative*, 114.

자세하게 보고된 결정적인 대화의 작은 움직임, 결정적인 대부분 상황으로부터 주장할 것이다.[15]

우리는 신학적 숙고를 무게에 두기 전에 성경적 본문에 집중해야 한다. 이것이 기본적인 것이며, 문학적이고 역사적인 것을 제공할 기초이다. 구약성경은 많은 문학 양식을 내포하고 있다. 그중 사사기는 역사서이다. 역사서란 구약의 전승 중 집단적 경험을 다루고 있다. 집단적 경험이란 것은 말 그대로 이스라엘의 집단적 경험들이다. 삼손을 경험한 이스라엘은 그 양식을 문학의 형태로 남겼다.

문자로 된 성경은 많은 문학 양식을 내포하고 있다.[16] 먼저 70인역 구약성경(LXX)의 배열 양식을 따르고 있는 우리말 성경은 오경, 역사서, 지혜 문헌, 예언서 등으로 나뉜다.[17] 사사기를 70인역로 보면, 역사서이다.[18] 역사서는 많은 서사적 내용을 담고 있다. 구비 문학으로 서사는 집단적 공동체의 작품이기에 자연히 유사성과 그 공동체가 담지하는 원시 종교적인 신앙, 민속 풍습, 정치, 문화와 관련된 요소가 많다.[19] 이러한 요소들이 한 집단에 의해 보편적으로 받아들여지면 전승이 되기 마련이다.[20] 따라서 구전설화는 이야기 형식의 산문성을 띠게 되고 기억하기 쉬운 구조를 갖기 마련이다[21]

---

15 Robert Alter, *The Art of Biblical Narrative*, 114.
16 박종수, 『히브리 설화 연구』, 27.
17 박종수, 『히브리 설화 연구』, 29.
18 박종수, 『히브리 설화 연구』, 29.
19 박종수, 『히브리 설화 연구』, 31.
20 박종수, 『히브리 설화 연구』, 31.
21 박종수, 『히브리 설화 연구』, 31-32.

전설(legend)은 주로 인간사에 관련된 이야기이며 그 사건을 입증할 증거를 내포한다는 점에서 신화(myth)나 민담(folk-tale)과 구별된다.[22] 전설은 민중의 체험을 담고 있으며, 구체적인 증거물을 통한 역사성을 가지고 있기 때문에 진실성이 있는 이야기로 받아들진다고 박종수 교수는 말한다.[23] 그리고 전설의 특성을 다음과 같이 요약한다.[24]

① 화자나 청자가 이야기의 사건을 믿는다.
② 이야기의 역사성을 뒷 받침 하는 기념물이나 증거물이 있다.
③ 역사와 깊은 관련이 있어서 역사적 사건이 설화 형태로 전래된 경우가 많다.
④ 일정한 형식이 없으며, 때론 교훈적 의미를 지닌다.

구약성경 전체가 교훈적 의미를 지닌다. 창세기는 창세기대로, 출애굽기는 출애굽기대로, 레위기는 레위기대로, 민수기는 민수기대로, 신명기는 신명기대로, 여호수아서는 여호수아서대로, 사사기는 사사기대로 의미가 있다. 우리가 살펴볼 사사기 14-16장은 자유로운 형식으로 민중 속에 쉽게 파고드는 인명, 지명, 지형, 기념물 등의 유래를 밝혀 줌으로써 공동체의 유산에 대해 애정을 느끼게 하며, 이와 아울러

---

22 박종수, 『히브리 설화 연구』, 31-32.
23 박종수, 『히브리 설화 연구』,
24 박종수, 『히브리 설화 연구』, 53.

사회 통합의 기능을 감당한다.[25]

왜냐하면, 공동체의 정체성이 그 전설과 함께하는 경우가 많기 때문이다.[26] 예를 들어 삼손이 팔레스타인의 모든 방백과 온 백성을 죽이며 자신도 함께 죽은 것을 온 이스라엘 백성이 삼손을 사사로 인정했기 때문이다(삿 16:30). 히브리 성경은 많은 전설적인 요소를 포함하고 있다.[27]

대부분의 전설은 어떤 사건(event)이나 사실을 전하기 위해 전승된다.[28] 그 사건은 국가의 중대사가 될 수도 있고 개인의 이야기도 될 수 있다.[29] 때로는 종교적인 배경, 혹은 법률적인 배경이 될 수도 있다.[30] 히브리 역사는 전설적인 요소를 많이 가지기 때문에 구전 전승에 많이 의지한다. 예를 들어 사사기 13:1-16:31을 살펴보면 다음과 같다.

① 발단: 이스라엘의 죄가 야훼 앞에 상달되어 팔레스타인의 종이 된다.
② 경과1: 마노아의 아내에게 야훼의 사자가 나타난다.
③ 경과2: 삼손이 태어난다.
④ 결말: 삼손이 죽을 때 팔레스타인의 방백과 모든 백성을 죽이며, 자신도 죽는다.

---

25 박종수, 『히브리 설화 연구』, 53.
26 박종수, 『히브리 설화 연구』, 53.
27 박종수, 『히브리 설화 연구』, 55.
28 박종수, 『히브리 설화 연구』, 55.
29 박종수, 『히브리 설화 연구』, 55.
30 박종수, 『히브리 설화 연구』, 55.

이야기를 전하는 성경 내포저자(Implied Author)는 삼손이 이스라엘에서 어떤 역할을 했는지 잘 알고 있다. 삼손 이야기를 쓰면서 삼손이 팔레스타인에, 혹은 이스라엘에 어떤 역할을 했는지 그 사건을 이스라엘의 교훈으로 결부시키고자 했는지에 대한 설화자(storyteller)의 의도를 생각해 보게 된다.

제3장

"설명하기"와 "보여 주기"

1. 설명하기(직접 묘사)와 해설자(Narrator)

직접 묘사하기는 사사기 13:1-2에서 나타나는데, 이스라엘 백성이 야훼 앞에 죄를 범함으로 시작된다. 배경을 설정한다. 그의 아내가 임신을 못한 것으로 묘사된다. 전반부는 야훼께 기도하는 장면으로 묘사된다. 이것은 배경이 된다.

사사기 13장은 삼손의 부모에게 출생의 예고 형식으로 단 지파 영웅 삼손의 업적에 대한 서론을 제공한다. 학자들은 이 장 속에 나타난 두드러진 또는 다른 신 현현들이나 출생 예고를 구약성경 안에서 오랜

기간 주석해 왔다.[1]

이 이야기는 13:9에 나타난다.

하나님이 마노아의 목소리를 들으시니라 여인이 밭에 앉았을 때에 하나님의 사자가 다시 그에게 임하였으나 그의 남편 마노아는 함께 있지 아니한지라(삿 13:9).

해설자(Narrator)의 부분이다. 그 외에도 10:30, 31 전반부에 나타난다. 이 내용은 엑섬(Exum)의 글에 나타난다.

사사기 13장의 초점은 삼손의 부모와, 특별하게 그의 출생의 소식을 가져오는 사자에게 있다. 모든 세 단락에서 사자는 중심인물이다.
첫째 단락은 그의 현현과 통보와 관련이 있다.
둘째 단락에는 그의 정체와 그가 가져온 말씀이다;
셋째 단락은 정체의 계시를 마노아와 그의 아내에게 나타낸다.
인간 등장인물은 무대를 공유한다. 첫 번째 단락에서는 여성이 사자와 함께 있는(상대하는) 중심인물이다. 마노아는 이 단락 안에 여성에 의해 사건에 관련된 '하나'로서 참여한다. 그의 역할은 이차적이다.[2]

---

1 Exum J. Cheryl, "Promise and Fulfillment: Narrative Art in Judges 13," *JBL*, 99 (1980), 43.
2 Exum J. Cheryl, 46.

엑섬은 다음과 같이 주해한다.

> 짧은 구절인 2-3a절에서 현재 주요한 등장인물(마노아, 그의 아내, 야훼의 사자)이 나오고, 그녀의 해답은 이야기의 플롯을 형성하는 주제(불임)를 제공한다. 마노아는 단 지파의 소라로부터 온 확실한 사람으로서 간단하고, 솔직하게 확인되어진다. 이야기는 "그의 아내가 불임이었고, 아이가 없었다"는 정보와 함께 그의 아내에게 즉시 관심을 돌린다. 이러한 도입부는 여자로 말미암은 기적적인 탄생 이야기를 위한 적합한 배경을 제공해 준다. 그것은 필요한 구원자가 나타나지 않았다는 징후를 보이는 동시에 그것은 야훼의 개입한 이유(기회)를 제공한다. 드러난 사실들(the barest of facts)과 함께 무대를 제공했기 때문에, 이야기는 "야훼의 사자가 여자에게 나타났다"고 해답을 즉시 제공하기 시작한다.
>
> 사자의 첫 번째 말은 다산의 약속과 함께 불임의 상태를 병렬시킨다. "너는 임신을 못 하고, 아이를 낳은 경험이 없으나, 너는 임신하여 아들을 낳을 것이다"(삿 13:3).[3]

첫째 단락은 여성과 함께 하는 야훼의 사자의 등장이 주를 이룬다. 여자에게 야훼의 사자가 나타난다. 여자에게 초점이 맞춰진다. 야훼의 사자의 현현이 여성에게 맞추어지는 것을 볼 수 있다.[4] 여기서 야훼의

---

[3] Exum J. Cheryl, "Promise and Fulfillment: Narrative Art in Judges 13," 47.
[4] Exum J. Cheryl, "Promise and Fulfillment: Narrative Art in Judges 13," 47.

사자의 현현이 두 번이나 여인에게 왔다는 것은 여인이 그만큼 중요하다는 것을 강조한다.[5] 엑섬은 여성이 결코 남성에게 뒤지지 않는다는 점을 주장한다. 오히려 남성보다 더 우월한 모습을 보여 준다는 것이다.[6] 그녀의 이름의 부재라든가, 아니면 그녀가 홀로 밭에 있을 때 하나님의 사자가 출현한다는 것을 근거로 야훼가 여인에게 더 관심을 가진다고 설명한다.[7]

하지만 이것으로 하나님이 남성보다 여성을 더 옹호했다고 볼 수 있을까? 대부분의 내포저자와 내포독자들은 그녀의 견해를 옹호하지 않을 것이다. 이것은 페미니즘(feminism)의 한 부류로 볼 수 있을 것이다. 사사기 13:13같이 내레이터의 한 장면이다. 13:16 또한 내레이터의 설명하기와 보여 주기(showing)를 같이한다.

> 여호와의 사자가 마노아에게 이르되 네가 비록 나를 머물게 하나 내가 네 음식을 먹지 아니하리라 번제를 준비하려거든 마땅히 여호와께 드릴지니라 하니 이는 그가 여호와의 사자인 줄을 마노아가 알지 못함이었더라 (삿 13:16).

사사기 13:19-20에서 설명하기가 계속된다. 그리고 13:24-25에서 설명하기가 계속된다.

---

[5] Exum J. Cheryl, "Promise and Fulfillment: Narrative Art in Judges 13," 47.
[6] Exum J. Cheryl, "Promise and Fulfillment: Narrative Art in Judges 13," 47.
[7] Exum J. Cheryl, "Promise and Fulfillment: Narrative Art in Judges 13," 48-49.

> 그 여인이 아들을 낳으매 그의 이름을 삼손이라 하니라 그 아이가 자라매 여호와께서 그에게 복을 주시더니 소라와 에스다올 사이 마하네 단에서 여호와의 영이 그를 움직이기 시작하셨더라(삿 13:24-35).

"마하네단"은 삼손이 하나님께 처음 신이 임한 곳으로서 "단의 진영"이란 의미를 갖고 있다. 단 지파가 영토를 확보하기 위해 최초로 정박한 곳이다.[8] 이쯤에서 설명하기와 묘사하기를 끝내고 제4장에서 설명하기와 묘사하기를 계속할 것이다.

2. 보여 주기(Showing, 직접 제시)

> 올라와서 자기 부모에게 말하여 이르되 내가 딤나에서 블레셋 사람의 딸들 중에서 한 여자를 보았사오니 이제 그를 맞이하여 내 아내로 삼게 하소서 하매(삿 14:2).

이것은 삼손이 블레셋과 상관하는 복선을 보여 주며, 삼손의 두드러진 특성을 한정하는 한 방법이다. 이처럼 작중 인물 특성을 지목하는 방식은 텍스트(Text)에서 가장 권위 있는 목소리를 통해 말해질 때만 직접-구성으로 취급된다.[9]

---

[8] 『IVP성경사전』, 이정석 외 3명 역 (서울: 한국기독학생회출판부, 1992), 142.
[9] S. Rimmon-Kenan, 『소설의 현대 시학』, 최상규 역 (서울: 예림기획), 110.

만약에 같은 말이라 할지라도 이것이 삼손의 부모에게서 나왔다면 그 비중은 훨씬 덜지만, 이것은 삼손의 인물 구성을 할 것이다. 만약에 작중 인물 가운데 소견이 좁고 우둔한 어떤 사람이 누군가를 지혜로운 사람이라고 말한다면 이것은 지혜로운 사람으로 보일 작중 인물의 특성에 대한 믿을 만한 확증은 되지 못한다.[10]

등장인물(Character)은 그들에게서 부여되는 서사 이야기로 구별된다. 간접 제시와 직접 제시가 공존한다. "여인에게 나타나시고 그에게 이르시되"(삿 13:3)는 직접 제시이다.

부스(Booth)는 내포저자는 독자들에게 등장인물들에 대해서 말하거나 등장인물들이 이야기 그 자체에서 누구와 같은지를 보여줌으로써 등장인물들을 드러낸다고 본다.[11]

삼손 이야기를 예로 들어보면 직접 제시이다.

> 보라 네가 본래 임신하지 못하므로 출산하지 못하였으나 이제 임신하여 아들을 낳으리니 그러므로 너는 삼가 포도주와 독주를 마시지 말며 어떤 부정한 것도 먹지 말지니라 보라 네가 임신하여 아들을 낳으리니 그의 머리 위에 삭도를 대지 말라 이 아이는 태에서 나옴으로부터 하나님께 바쳐진 나실인이 됨이라 그가 블레셋 사람의 손에서 이스라엘을 구원하기 시작하리라(삿 13:3-5).

---

[10] S. Rimmon-Kenan, 『소설의 현대 시학』, 110-111.
[11] Mark, A. Powell, *What is Narrative Criticism?*, 52.

여기서 보여 주기를 통해 삼손의 운명을 깨닫게 한다. 내포저자는 내포독자로 하여금 삼손의 미래를 내다보게 한다. 내포저자는 수다스럽고 아는 체하는 것으로 생각된다.[12] 내포저자란 독자들의 이해를 돕기 위해 해설자를 등장시키는 것이다.[13] 사사기 13:6, 7, 8, 9, 10, 11, 12, 13, 14, 15, 16, 17, 18 등에 나타난다.

여호와의 사자가 그에게 이르시되 어찌하여 내 이름을 묻느냐?
내 이름은 기묘니라 (삿 13:18).

여기서 "기묘"란 이사야 9:6이다.

이는 한 아기가 우리에게 났고 한 아들을 우리에게 주신 바 되었는데 그 어깨에는 정사를 메었고 그 이름은 기묘자라, 모사라, 전능하신 하나님이라, 영존하시는 아버지라, 평강의 왕이라 할 것임이라 (키엘레드 올라드 나루 벤 니탄 나루 왈테이 나루이 함미세라 알-시모퀘 와이크라 쉐모 펠레 요에츠 멘-깁보르 아비 아트 사르-샬롬, :שלום שר אביעד אל גבור יועץ פלא שמו ויקרא שכמו על, כי ילד ילד לנו בן נתן לנו ותהי המשרה, 사 9:6).

이 구절은 전통적으로 메시아와 연관된 구절로 해석되어져 왔다.[14]

12　Mark A. Powell, *What is Narrative Criticism?*, 52.
13　Mark A. Powell, *What is Narrative Criticism?*, 25.
14　John D. W. Watts, *Isaiah 1-33, Word Biblcal Commentary, vol 24* (Word Book Publisher, Waco, Texas. 1873). 136.

창세기 29:29에서 야곱이 하나님의 천사와 씨름할 때에도 그 이름을 말하지 않았다. 구약성경에 따르면 자신의 이름을 알려 주는 것은 자신의 정체성을 밝히는 일로 극히 드문 예이다. 즉 자신의 모든 것을 밝히며, 자신이 상대방에게 굴복한다는 의미가 있다. 이 일이 마노아에게 모든 것을 맡긴다는 의미가 되는 것이다. 이는 장차 예수님이 삼손의 사건에 직접 개입하신다는 의미가 있다.

예를 들어, 들려주기(telling)의 기술은 믿음직한 해설자가 직접 말하는 것이다.[15]

마노의 아내가 임신을 못한다거나 마노아가 두려워 떨며 여호와의 사자에게 양을 대접하겠다고 하는 것을 독자들에게 직접 말하는 것이다. 근대문학에서 말하기 기술은 때로 과장이 심하고 주제 넘게 참견이 심하며 아는 체하는 것으로 생각된다.[16]

매튜스(Matthews)는 기드온이 한 것을 마노아가 한 것과 똑같이 했다고 말한다.[17] 한 사건은 신 현현을 믿지 못하고, 한 사건은 마노아에게 나타났다.[18] 예수의 수태고지나 사무엘의 수태고지도 비슷한 상황이다.[19] 해설자(narrator)는 삼손의 수태고지가 하나님 영에 의해 되었음을 알린다.[20]

---

[15] Mark A. Powell, *What is Narrative Criticism?*.
[16] Mark A. Powell, *What is Narrative Criticism?*, 53.
[17] Victor H. Mattherws, *Judges and Ruth* (Cambridge University Press 2004), 142.
[18] Victor H. Mattherws, *Judges and Ruth*, 142.
[19] Victor H. Mattherws, *Judges and Ruth*, 142.
[20] Victor H. Mattherws, *Judges and Ruth*, 142.

2. 간접 제시

1) 공간적-시간적 배경

어느 쪽으로 움직이든지 등장인물과 사건은 시소(seesaw)처럼 다른 쪽 영향을 미치기 마련이다.[21] 소설가 헨리 제임스는 이렇게 말한다.

> 등장인물은 사건의 결정적인 요인 외에 또 무엇이겠는가?
> 사건은 등장인물의 행동표출 외에 또 무엇이겠는가?[22]

내포독자로 하여금 상상할 수 있게 그들이 무엇을 말하는지, 상황화를 시키는지 보고되지 않고 있다.[23] 단 유대인들이 실제로 이 일을 행하였다고 생각한다. 이러한 상투적인 표현은 수많은 등장인물 중 하나의 등장인물이 하도록 하는 관례적인 문학기법이다.[24]

성경 설화는 언어와 관련된 문학적 표현법을 다양하게 포함하는 것이다.[25] 성경 설화의 배경은 행동하기에 적합한 상황을 설정해 주는 이야기의 한 요소이다.[26]

---

21 Mark A. Powell, *What is Narrative Criticism?*, 51.
22 Mark A. Powell, *What is Narrative Criticism?*, 51.
23 Mark A. Powell, *What is Narrative Criticism?*, 52
24 Mark A. Powell, *What is Narrative Criticism?*, 51-52.
25 박종수, 『히브리 설화 연구』, 141.
26 Mark A. Powell, *What is Narrative Criticism?*, 69.

부스(Booth)는 간단하면서도 의미 깊은 관찰을 하였다.[27] 그것은 내포 저자가 독자들에게 등장인물에 대한 것을 들려주거나, 그 이야기의 자체 내에서 등장인물이 어떠함을 보여줌으로써 등장인물을 묘사하는 것이다.[28] 제일 경제적인 단어로 제일의 효과를 나타내야 하는 성경 설화의 특성으로, 시간적-공간적 행동이 등장한다. 공간은 단 지파의 소라 땅이었다.[29]

그러므로 유다 사람들은 소라와 에스다올 사이의 민족적 유대감은 거의 없다고 판단하였다. 이제 우리는 베냐민 지파에 이르는 북쪽 사람들에 대한 지식을 충분히 알고 있다. 서쪽으로 갈수록 민족적 유대감이 약해진다.[30] 이 지역의 위치는 에브라임과 북-유다와 남-베냐민의 동쪽에 있었다.[31] 시간적인 특징은 블레셋과 한창 좋은 사이였던 이스라엘이 속국이 된 때를 드러낸다.

사사기 13:2에 공간적 배경에 대하여 "소라 땅, 단 지파 중에 마노아라 이름하는 자가 있더라"라고 소개한다. 사사기 13:1은 시간적 배경과 함께 이스라엘의 타락의 정도를 소개한다.

---

[27] Mark A. Powell, *What is Narrative Criticism?*, 51-52.
[28] Mark A. Powell, *What is Narrative Criticism?*, 52.
[29] J. Alberto Soggin. *Judges: A Commentary, The Old Testament Library* (Piladelphia: Westminster Press, 1981), 225.
[30] J. Alberto Soggin, *Judges: A Commentary, The Old Testament Library*, 226.
[31] Mark A. Powell, *What is Narrative Criticism?*, 51.

이스라엘 백성이 다시 여호와의 목전에 악을 행하므로 여호와께서 사십 년 동안 블레셋 사람의 손에 넘겨주시니라(삿 13:1).

그 악이 대체 무엇인지 알 수 있다. 사사기 16:23에 블레셋 사람들이 다곤[32] 신을 숭배하며 이스라엘을 이긴 것으로 묘사된다. 사무엘상 5:3-4에 브레셋이 언약궤를 빼앗아 다곤 신전 앞에 두었는데, 다곤 상의 목과 팔이 잘려 있었다.[33] 블레셋은 이 다곤 신을 BC 12세기쯤 그들의 주신으로 섬겼는데, 이것은 바알의 아버지로 숭배를 받았다.[34]

그리고 사사기 15:8-13을 보면, 삼손이 자칼로 블레셋의 보리밭을 망쳐 놓자 이 복수를 하려고 유다에 진치고 있을 삼손을 잡아 준 사람들이 있었다. 이것으로 보아 이스라엘이 다곤을 섬겼다고 볼 수 있다. 사사기 전체에 나타나는 현상은 다곤 신 숭배이다. 『새성경사전』은 다음과 같이 표현하고 있다.

> 블레셋 사람이 숭배한 신의 이름이다. 블레셋 사람은 BC 12세기에 가나안 연안지대에 정착하자 다곤 숭배를 채용하고 가사(삿 16:23), 아스돗(삼상 5:2-7), 베스안(벧산, 삼상 31:10)에 묘를 가지고 있었다. 다곤은

---

[32] 그 뜻은 물고기, 아카드어의 드근(Dgn), 즉 곡물의 신을 뜻한다. 블레셋 사람들이 숭배한 신의 이름이다. 원래 블레셋 사람들은 해양 민족으로 물고기를 숭배하던 사람들인데, BC 12세기에 가자에 정착하여 그 신은 나중에 곡물의 신이 되었다. 『새성경사전』(서울: CLC, 2005), 370.
[33] 김홍전, 『사사기 소고 II』 (서울: 성약출판사, 1989), 189.
[34] 『새성경사전』, 370..

고대 셈족의 농업의 신으로서 BC 25세기 이래 널리 숭배되었다. 거기서부터 수리아에 이르는 우가리트에서는 그 묘가 있고, 바알의 아버지로 숭배받았다. 그 당시 바알을 숭배하는 것은 젊은이들을 황홀경에 빠지게 하였고 바알 신전에 제사장인 창녀와 밤새 남녀 간의 사랑을 나누는 것으로 제사가 종식되었다. 이스라엘의 복잡하고, 권위가 있는 예배는 저 멀리 떠나간 방식이 되었다. … 다곤 숭배는 벧 다곤(수 19:27), 남쪽 유대의 성 벧다곤(수 15:41)에서 볼 수 있듯이, 아마 거기서부터 비(非)셈인 블레셋 사람이 다곤을 채용했을 것이다.[35]

아마 이 시기에 많은 외국 문화가 들어왔을 것이고 이스라엘은 눈부신 이방의 문물과 이방 신의 숭배와 성적 타락을 볼 수 있었다. 이스라엘 백성들은 타락하고, 억압받고, 회개하고 구원 받는 사이클(Cycle)로 돈다. '타락→억압→회개→구원'의 사이클이 반복되며 타락상을 보여준다. 이스라엘은 블레셋의 향락 문화를 경험하고 동경하며 그들과 같이 다곤 신을 경배하고 그들의 문화를 받아들였다. 사사기 14:4에 "그 때에 블레셋 사람이 이스라엘을 다스린 까닭에 삼손이 틈을 타서 …"라고 한다. 특히 성적 타락이 일반적인 타락 순서인데, 거기에 음주·가무가 형성된 것은 보지 않아도 명확하다. 삼손의 어머니에게 포도주와 독주를 마시기를 금하였다(삿 13:4)는 것은 일반인들은 포도주와 독주를 마셨다는 반증이다. 여기에 아이러니(Irony)가 나타난다.

---

[35] 『새성경 사전』, 370.

그러므로 너는 삼가서 포도주와 독주를 마시지 말찌니 무릇 부정한 것을 먹지 말찌니라(삿 13:4).

등장인물은 내포저자가 구성해낸 것으로 이야기의 특정한 임무를 수행하기 위해 만들어졌다.[36] 사사기 13:3-4에서 "보라 네가 본래 임신하지 못하므로 출산하지 못하였으나 이제 임신하여 아들을 낳으리니 그러므로 너는 삼가 포도주와 독주를 마시지 말며 어떤 부정한 것도 먹지 말라" 등의 말을 통해 이야기를 이어나감으로써 보여 주기를 시작한다.

삼손을 나실인으로 표현할 때, 내포저자는 독자가 이스라엘이 타락했으며, 삼손이 이스라엘을 구원할 것을 말하고 있다.[37] 어떤 특성에 대해서 언급하는 것이 아니라, 그것을 보여 주거나 예시해 줄 때는 간접 제시를 한다.[38]

하나의 특성은 삼손이 자칼 300마리의 꼬리에 횃불을 엮어 블레셋의 곡식을 불태운 후 돌 밑에 숨은(일시적) 비습관적 행동에서와 마찬가지로 습관적인 행동 때문에 나타난다.[39] 일시적 행동은 대체로 그 인물의 동적(dynamic) 행동인 국면을 환기하며, 흔히 서사물 내에서 하나의 전환적 역할을 한다. 에담 바위틈에 숨은 삼손은 하나의 동적 역할을 강조하며, 블레셋 사람을 두려워하는 모습을 보여 준 반면, 블레셋

---

36 『새성경 사전』, 370.
37 S. Rimmon-Kenan, 『소설의 현대 시학』, 112.
38 S. Rimmon-Kenan, 『소설의 현대 시학』, 112-113.
39 S. Rimmon-Kenan, 『소설의 현대 시학』, 112.

사람들을 1,000명 죽인 습관적인 행동에 의해서도 나타난다.[40] 행동 불변의 정적 국면을 환기하며, 흔히 희극이나 아이러니의 효과를 낸다.[41]

2) "말"과 "대화"(Speech and Communication)

어떤 작중 인물의 말씨는 무언가의 대화이든 마음속의 누군가 대화이건 그 내용과 형식을 통해 어떤 특성 한 가지 또는 여러 가지를 표현한다.[42] 삼손 이야기에서 삼손을 이스라엘의 사사로 인정하지 않는다. 그의 싸움이 얼마나 외로웠는지 알 수 있다. 사사기 15:11에는 다음과 같은 내용이 있다.

> 유다 사람 삼천 명이 에담 바위 틈에 내려가서 삼손에게 이르되 너는 블레셋 사람이 우리를 다스리는 줄을 알지 못하느냐 네가 어찌하여 우리에게 이같이 행하였느냐 하니 …(삿 15:11).

이 말을 지금 말로 바꾸면 "유대 사람 3,000명이 가서 삼손을 꾸짖어 말하되 네가 지금 제정신이냐 팔레스타인 사람들이 우리를 다스리는데, 그들의 곡식 단을 불사르다니!"이다. 지금 생각해 보면 우리가 일본에 점령당했을 때, '윤봉길 열사에게 왜 그런 일을 하시오'라고 말

---

40 S. Rimmon-Kenan, 『소설의 현대 시학』, 112.
41 S. Rimmon-Kenan, 『소설의 현대 시학』, 112-113.
42 S. Rimmon-Kenan, 『소설의 현대 시학』, 113.

하는 것과 같은 말이다. 아니 그것보다 더 어마어마한 일이다.

> 그들이 삼손에게 이르되 우리가 너를 결박하여 블레셋 사람의 손에 붙이려고 이제 내려왔노라 삼손이 그들에 이르되 너희는 친히 나를 치지 않겠다고 내게 맹세하라(삿 15:12).

이 말을 통해 이스라엘이 얼마나 썩었는지 알 수 있다. 또한, 삼손은 조국을 사랑하였고, 이스라엘 백성이 얼마나 타락했는지 알 수 있다.

제4장

등장인물의 특성 분석

사사기 13:1로 돌아가 보자

이스라엘 자손이 다시 여호와의 목전에서 악을 행하였으므로 여호와께서 그들을 40년 동안 블레셋 사람의 손에 넘겨준지라(삿 13:1).

삼손이 한 것은 당연하다. 삼손은 부정한 음식도 먹지 않았다. 부정한 것은 포도주와 독주도 마시지 않았다. 부정한 어떤 것도 먹지 않았다. 그러다 딤나(Timnah)로 내려가는 길에 젊은 사자[1]를 보았다. 사자를 죽인 후 그 시체를 만졌다. 그 사자에게서 나는 꿀을 먹었다. 또한, 그 부모에게 주워 먹게 하였다. 이만하면, 나실인으로 해서는 안 되는 일

---

1 젊은 사자란 아주 힘이 센 사자를 뜻한다.

을 하였다. 그러나 실상은 이스라엘을 꼬집는 일이었다. 사사기 15:11에 따르면 그들은 삼손이 한 일에 대해 손뼉을 쳐도 모자랄 판에 삼손을 블레셋(팔레스타인) 손에 넘겨주려고 한 사실이 드러난다. 이것으로 보아 젊은 사자는 블레셋을 상징하는 복선으로 생각된다.

> 유다 사람 삼천 명이 에담 바위 틈에 내려가서 삼손에게 이르되 너는 블레셋 사람이 우리를 다스리는 줄을 알지 못하느냐 네가 어찌하여 우리에게 이같이 행하였느냐 하니 삼손이 그들에게 이르되 그들이 내게 행한 대로 나도 그들에게 행하였노라(삿 15:11).

즉, 삼손의 말은 자기 아내를 마음대로 처리한 블레셋 사람들을 향한 삼손의 분노이며 부정한 것을 먹은 것은 이스라엘에 대한 비아냥거림이었다. 말로는 하나님의 구원받은 백성인 척 하지만 실속은 블레셋이 무서워 야훼의 목전에서 악을 행한 사람들에 대한 비아냥거림 이었다. 사사기 14:1-4에서 삼손이 왜 블레셋의 여자를 아내로 맞이하려지는 구체적으로 묘사한다. 14:4의 말씀을 들어보자

> 그 때에 블레셋 사람이 이스라엘을 다스린 까닭에 삼손이 틈을 타서 블레셋 사람을 치려 함이었으나 그의 부모는 이 일이 여호와께로부터 나온 것인 줄은 알지 못하였더라(삿 14:4).

삼손이 가까운 곳도 아닌 가사(딤나)에 까지 간 것은 결혼 작전을 위

해서이다. 삼손이 블레셋 여인과 결혼하려고 한 것은 단순히 자기 욕심이나 당시의 유행을 따라한 것이 아니다. 그 당시 이스라엘은 블레셋의 속국이 되어 스스로의 힘으로는 도저히 일어날 수 있는 상태가 아니었다.[2] 또 삼손에게는 끝까지 함께 할 300명의 용사도 없었다.[3] 그 후에 삼손의 행동은 독자들로 하여금 혼란을 일으킨다.

삼손이 포도밭을 지나간다. 이것은 나실인으로 해서는 안 되는 행동이었다. 또 5절의 상황에서 어린 사자를 죽여 8절에 사자의 주검에서 꿀이 나와서 먹고 그의 부모들에게도 먹게 하였다. 이는 주검을 만지는 것도 나실인에게는 금지된 조항이며 그 몸에서 꿀을 취하여 먹는 것도 금지된 조항이었다. 삼손이 이렇게 행동은 타락한 이스라엘을 꼬집는 것이었다.

> 이스라엘 자손이 다시 여호와의 목전에 악을 행하였으므로 여호와께서 그들을 사십 년 동안 블레셋 사람의 손에 넘겨주시니라(삿 13:1).

이에 대해 장일선 교수는 "삼손 설화의 해체론적 시도"라는 그의 논문에서 잘 밝히고 있다.

---

[2] 김서택, 『위대한 부흥의 불꽃, 이스라엘 사사들 III』(서울: 홍성사, 2001), 167.
[3] 김서택, 『위대한 부흥의 불꽃, 이스라엘 사사들 III』, 167.

1. 삼손 설화의 시대적 배경[4]

삼 이야기의 시대적 배경은 외부적으로 전체 국가의 정복을 위한 투쟁의 시기이며, 내부적으로 본다면 실제적인 투쟁은 야훼와 약속을 지속시키기 위한 그 백성들과 야훼의 투쟁으로 볼 수 있다.[5] 야훼는 다 허물어져 가는 이스라엘을 지키기 위해 삼손이란 인물을 내세웠다.

연대기적으로 볼 때 사사 시대에는 이스라엘 역사 가운데 매우 불완전한 상태로 나타난다.[6] 이때, 삼손은 등장한다. 그는 블레셋과 싸울 준비를 하고 있었다. 그래서 일부러 블레셋 여인들을 고집했을 것이다. 사사 시대에는 이스라엘 역사 가운데 매우 불완전한 상태로 나타나 있다.[7]

이 기간은 여호수아가 죽은 후부터 사울이 등장할 때까지 약 BC 1225-1200까지 계속된다.[8] 이 당시의 생활상을 보면, 반유목생활에, 블레셋의 농사법을 받아들이고 있었다.[9] 이러한 사회상 때문에 이스라엘은 블레셋을 거절할 수 없었을 것이다. 그래서 이방 신 다곤[10]을 숭배할 수밖에 없었을 것이다. 야훼의 입장에서 볼 때, 이러한 상황은 이스라엘 백성들이 가나안 사람들과의 금혼을 명하고 있는 사항을 무시할

---

4 장일선, "삼손 설화의 해체론적 시도" 「신학연구」, 34호, 67.
5 전의형, "설화비평에서 본 삼손 이야기 연구" (철학박사 학위논문, 강남대학교 대학원, 2006) 38.
6 전의형, "설화비평에서 본 삼손 이야기 연구," 38.
7 전의형, "설화비평에서 본 삼손 이야기 연구," 38.
8 전의형, "설화비평에서 본 삼손 이야기 연구," 38.
9 전의형, "설화비평에서 본 삼손 이야기 연구," 38.
10 곡물의 신이다.

수밖에 없는 이스라엘의 상황으로 몰아갔음이 분명하다.[11]

하룻밤 잠만 자면 이스라엘에 곡물이 생기는데 그것을 마다할 사내가 있겠는가?

삼손 설화의 배경을 밝히기 위해서는 삼손의 출생과 죽음이 큰 의미를 제공할 것으로 보인다. 우선 사사기 13:2에서는 삼손의 출생을 소라 땅에 거하는 단 지파와 연결시키고 있다. 그리고 1절에서는 40년간 블레셋 사람의 지배를 받던 시대임을 보여 준다.

사사기 8:33-35에 따르면 이스라엘이 바알(Baal)을 섬기며, 그들의 종교를 받아들이며, 그들의 종교를 따르는 모습을 보인다.[12]

장일선 교수는 다음과 같이 말하고 있다.

> 여기서 우리가 설정할 수 있는 것은 이 무렵 단 지파는 블레셋과 유다 지파 사이에 낀 샌드위치가 된 상태라는 것이다. 그리고 소라 땅은 두 강대 세력이 마주 보는 점령구역에 위치하고 있다는 것이다. 블레셋의 세력이 40년간 이 지역에 미치고 있었으니 삼손은 그 젊은 시절 블레셋의 문화와 종교에 영향을 받고 자랐을 것이다.[13]

삼손 전통에 따르면 이스라엘의 전통적 족속의 지형은 단 지파에 의해

---

11 전의형, "설화비평에서 본 삼손 이야기 연구," 38.
12 김홍전, 『사사기 소고 II』, 189.
13 장일선, "삼손 설화의 해체론적 시도," 67.

요구되어온 지역 북쪽으로 블레셋이 점령하기 전에 자리 잡고 있었다.[14]

볼링에 의하면, 그 부분은 요시야 시절 신명기 역사가에 의해 기록된 것이라고 주장한다.[15] 삼손은 사사기에 기록된 사사의 이름으로 봐서는 13번째 사사이다.[16] 그러나 이 사사 앞에는 커다란 장애물이 있었다. 그것은 다름 아닌 이스라엘 백성이었다. 유명한 입다 이야기를 할 때는 "이스라엘 자손이 회개라도 했었다." 암몬 자손으로부터 구원해 달라고 외치기라도 했었다.

> 이스라엘 자손이 여호와께 여짜오되 우리가 범죄 하였사오니 주의 보시기에 좋은 대로 하옵시고 우리에게 행하시려니와 오직 주께 구하옵나니 오늘 날 우리를 건져내옵소서 하고 자기 가운데서 이방신들을 제하여 버리고 여호와를 섬기매 여호와께서 이스라엘의 곤고를 인하여 마음에 근심하시니라(삿 10:15-16).

그러나 지금 이스라엘은 회개조차도 안하고 있다. 40년 동안이나 블레셋 사람들에게 학대를 받는데 오히려 그들의 눈치를 보고 있다. 가장 먼저 시작한 것은 야훼의 등장이다. 삼손이라는 인물을 통해 이스라엘의 자유를 주시고자 함이었다. 그래도 아브라함의 언약을 통해 이스라엘을 구원해 주고 계신다. 사사기 14:4은 그의 아버지와 어머니가 야훼

---

[14] 김홍전, 『사사기 소고 II』, 189.
[15] 장일선, "삼손 설화의 해체론적 시도," 67.
[16] 장일선, "삼손 설화의 해체론적 시도," 67.

께서 블레셋을 치려 함이었더라는 것을 깨닫지 못했다는 것을 지적하고 있다.[17]

유다 지파 사람들이 살고 있는 서쪽 산간의 샌드위치 되어 있는 조그만 지파에서 구원자를 내시겠다고 말씀하신다.[18] 딤나는 소라에 있는 삼손의 집에서 소렉 골짜기를 따라 서쪽으로 9km 정도 떨어져 있었는데 그곳은 소라와 블레셋 도시 에그론의 중간쯤에 있는 텔-알파타쉬(tell-ell-Batash)이다.[19] 사람들이 확실히 자기가 섬기던 우상을 버리고 회개하는 상황에서 이스라엘을 구원하시겠다는 말이 아니다.[20] 그들은 야훼의 목전에서 악을 행했다는 말은 하나님의 눈앞에서 우상숭배를 하였다는 말인데 그들은 바알을 섬겼던 다곤을 섬겼든 간에 이방의 여사제와 하룻밤을 보내는 것을 더 좋았다는 것이다.

이스라엘은 회개하고 돌이켜야 하는데, 오히려 블레셋의 강력한 것을 본떴는지도 모르고 다곤을 섬겼다.[21] 내포저자(Implied Author)는 이스라엘에게 바라지 않는 점을 쓰고 있는 것 같다. 하지만 이스라엘의 타락상이 극에 달한 것을 지적하고 있다. 예를 들어 스파이더맨을 쓴 작가가 스파이더맨이 되질 않고 한 낮 저자의 생각 속에 있어도 내포저자(Implied Author)이다.

---

[17] Robert G. Boling, *The Anchor Bible, Judges in troducit and Commentary*, vol. 6. (Doubleday & Company, inc garden city New york), 227.
[18] 김홍전, 『사사기 소고 II』, 190.
[19] John H. Waltion et al., 『IVP 성경배경주석』, 정옥배 외 3인 역 (서울: 한국기독학생회출판부, 2001), 378.
[20] 김홍전, 『사사기 소고 II』, 190.
[21] 김홍전, 『사사기 소고 II』, 191.

황순원이 『소나기』를 쓸 때와 『가인의 후예』를 쓸 때, 각각 황순원의 상태나 정신이 달랐던 것처럼 이미 실재저자(Real Author)를 떠난 글은 내포저자한테 모든 것을 빼앗긴다. 아니 준다는 것이 더 알맞은 표현인 것 같다. 삼손 이야기를 하면서 이스라엘의 나쁜 풍습을 지향하는지도 모른다.

서사비평의 목적은 텍스트(Text)를 내재독자로서 읽는 글이다. 우리가 마치 주인공이 된 것인 양 주인공이 울면, 같이 따라 울고, 주인공이 아프면, 나도 아픈 것 같은 동질감을 느끼는 것처럼 서사는 텍스트를 내재한 독자로 읽는 것이다.

즉, 서사비평은 이야기하는 사람의 그 당시 상황이나, 여건에 지배를 받는다. 블레셋 사람이 대개 광야 부분을 점령하고 있었는데, 주로 세펠라(Shephelah)라고[22] 하는 지대를 점령하고 있었다.[23] 세펠라가 어디냐 하면, 지금의 이스라엘의 지중해 연안인 '텔 아비브' 곧 고대의 욥바가 그 중심지이다. 거기서 북쪽으로 한 200리를 가면 거기에 참으로 비옥한 땅이 있고, 지금은 그곳에 장미와 비슷한 수선화 꽃이 만발해 있는데 그곳이 '샤론의 뜰'이라는 곳이다. 요즘으로 말하면 한 사람이 아주 알짜로 보람 있게 일할 수 있는 시간이다. 우리는 비슷한 경험이 있다. 일본의 제국주의 앞에서 말과 글 그리고 식량까지 수탈당했다.

근대의 식민지도 그러한데, 기원전 세계야 오죽했을 것인가?

---

22 김홍전, 『사사기 소고 II』, 192.
23 김홍전, 『사사기 소고 II』, 192.

2. 삼손 시대의 정치적-종교적 배경

정치적인 면에서 볼 때, 사사 시대는 부족 중심의 국가에서 국가적 통일에로의 변화 시기이다.[24] 여호수아가 죽은 후 누구도 부족을 하나로 통일시키지 못했다.[25] 이 기간에 그들을 통일시킨 유일한 결속물은 공통된 신명기적 역사인 모세의 율법이다.[26] 모세의 율법만이 이 공동체가 갖고 있는 하나의 공통점이다. 이러한 상황에 삼손은 던져졌다. 삼손은 사사기에 기록된 사사의 이름으로 봐선 열세 번째 사사이다.

삼손은 주요한 사사이며, 가장 작은 규모의 지도자였다. 삼손은 블레셋과 혼자 싸웠다. 이는 사사기에서 이스라엘이 절망 상태에 절대적인 돌입하기 직전의 사사였다. 삼손이 그의 출생 전부터 야훼가 약속한 지도자로서, 일시적 지도력에 대한 야훼의 마지막 시도였다. 이스라엘인들은 그들의 옳은 행실 따랐고, 그의 행동은 부정적인 결과를 낳았다.[27] 사사기 21:25은 다음과 같이 이스라엘의 타락상을 전하고 있다.

> 그때 이스라엘의 왕이 없으므로 사람이 각기 자기의 소견에 옳은 대로 행하였더라(삿 21:25).

---

24 전의형, "설화비평에서 본 삼손 이야기 연구," 38.
25 전의형, "설화비평에서 본 삼손 이야기 연구," 38.
26 전의형, "설화비평에서 본 삼손 이야기 연구," 38.
27 Tammi J. Schneider, *Berit Olam, Studies in Hebrew Narrative & Poetry, Judges* (The Liturgical Press, 2000), 193.

이 말씀에 따르면, 이스라엘에 하나님이 왕 되시고 그분이 원하는 대로 행해야 하는데, 그분이 왕 되시고, 그분의 통치 아래 있어야 할 이스라엘 백성들이 눈에 보이는 왕이 없다고 각종 우상숭배에 자기 이웃을 사랑하지 못하고, 제각기 소견에 옳은 대로 행하였다. 삼손 이야기는 블레셋의 손에 그 자신들을 내어 준 이스라엘의 자녀들이 야훼가 보기에 "나쁜 짓"을 했다는 것에 대한 공지로부터 시작된다.[28]

삼손은 주검을 만졌다. 그 어린 사자에서 나는 꿀을 먹었다. 이방 여인과 결혼했다. 이러한 행동이 이스라엘 사람들로부터 경각심을 일으키거나 회개하는 모습을 보이지 않는다.[29] 삼손 이전에는 유명한 입다 이야기가 있다.[30] 이스라엘 백성들이 암몬 자손으로부터 심한 고통을 당할 때 이스라엘 백성들은 하나님께 부르짖어 자신들의 잘못을 고백하는 장면이 나온다(삿 10:15).

그 뒤에는 베들레헴 사람 입산이 있었고, 그 뒤에는 스블론 사람 엘론이 있었고, 그 뒤에는 압돈이라는 사사가 있었다.[31] 그런데 사사기 13:1-2에는 블레셋에게 압제를 당해도 이스라엘 백성이 회개했다는 말이 없다.

그러자 하나님께서 나서기 시작한다. 단 지파의 마노아를 통해 아들을 낳을 것이니 내 명령대로 행하라고 한다(삿 13:14). 야훼는 천지의

---

[28] Tammi J. Schneider, *Berit Olam, Studies in Hebrew Narrative & Poetry, Judges*, 194.
[29] Tammi J. Schneider, *Berit Olam, Studies in Hebrew Narrative & Poetry, Judges*, 194.
[30] 김홍전, 『사사기 소고 II』, 189.
[31] 김홍전, 『사사기 소고 II』, 190.

대 주재이며, 이를 인정하는 것이 하나님을 섬기는 것이다. 야훼 이외에 신을 섬기는 것이 바로 우상숭배이며, 이것을 야훼가 가장 싫어한다. 우상숭배란 야훼 이외의 신을 섬기는 것을 말한다.[32] 지금 말로 하면 물질이 우상숭배의 가장 중심에 있는 것 같다. 이 물질로 병원에서는 살 수 있는 사람이 죽어 나간다. 이 물질이 있으면 죄를 지어도 유유히 빠져나간다. 한마디로 유전무죄 무전유죄(遺全無罪 無全有罪) 상황이 일어난다.

이스라엘 백성에게는 야훼가 그들에게 있어서는 친히 군림하사 통치하시고 또 보고 계신다는 의미로 성전(聖殿)이 있었다.[33] 아직은 성막(聖幕)이 있었다.[34] 그런데 이스라엘 백성들은 성막(聖殿)을 버리고 우상에게로 갔다.[35] 야훼의 눈앞에서 악을 행하였다는 것은 야훼를 버리는 생활 태도를 보인다는 것이다.[36] 그때는 바알이든 다곤이든 아스다롯이든 다 버리고 야훼께 용서를 구해야 하는데, 이들은 이 우상 섬기는 게 더욱 좋았다. 이방 신전의 여 제사장과 하룻밤을 자면 그들의 종교생활을 다 하는 것인데, 굳이 야훼께 소나 양이나 밀가루 한 에바를 받치는 것이 거추장스러웠을 것이다.

삼손이 나왔을 때 이스라엘 백성의 상황이 그러했던 까닭에 자연히 삼손이 나타났을 때, 그의 정치적 위치는 이스라엘의 대표가 되지 못했

---

32 김홍전, 『사사기 소고 II』, 190.
33 김홍전, 『사사기 소고 II』, 191.
34 김홍전, 『사사기 소고 II』, 191.
35 김홍전, 『사사기 소고 II』, 191.
36 김홍전, 『사사기 소고 II』, 191.

다.³⁷ 이것이 입다와 다른 사사들과의 차이점이다. 이스라엘이 다른 때(입다, 기드온, 삼갈 등)는 회개하고 다른 사사들을 청했지만, 삼손 때에는 상황이 달랐다. 이스라엘 통치자들은 위기의 시대에만 오직 일어났는데, 이스라엘은 위기를 느끼지 못했던 것 같다.³⁸ 이스라엘은 우상에 빠져 있었고, 그 백성들은 다곤이나 바알이 더 좋았다.

삼손은 태어나기 전부터 나실인이라는 칭호를 받았다. 나실인의 언급은 사무엘에 관한 이야기와 연결된다.³⁹ 나실인의 언급은 사무엘서에 관련된 성경의 기초⁴⁰ 위에 세워진다.⁴¹ 나실인은 성별된 자, 곧 헌신과 구별된 자인, 나지르($n-z-r$, 눈-자인-레쉬)라는 어원에서 왔다.⁴²

나실인에 대한 율법들은 민수기 6:1-21에서 볼 수 있다.

나실인은 남녀 각각에 적용되어진다(민 6:2에 나타나는데, 구별된 특징은 사람이 그 자신들의 이스라엘의 야훼에게 자신을 따로 떼어두겠다는 서원을 말하는 것이다).⁴³ 삼손은 자신이 의도하지 않았는데 평생 나실인으로 살아야 했다. 그에게는 큰 짐이 아닐 수 없었다.

입다 시절에 백성들이 그의 지도력을 인정했다.⁴⁴ 그러므로 "내가"

37　김홍전, 『사사기 소고Ⅱ』, 195.
38　Tammi J. Schneider, *Berit Olam, Studies in Hebrew Narrative & Poetry, Judges*, 197.
39　Tammi J. Schneider, *Berit Olam, Studies in Hebrew Narrative & Poetry, Judges*, 197.
40　『빅 슬림 굿 데이 성경』(서울: 생명의말씀사, 2008), 407. 탈무드에 의하면, 사무엘이 사사기, 룻기, 사무엘상·하를 기록하였다고 보나 삼상 25:1에 그의 죽음 소식을 전하는 것으로 봐서 사무엘이 이 책을 다 기록했다는 것은 무리가 있다.
41　Tammi J. Schneider, *Berit Olam, Studies in Hebrew Narrative & Poetry, Judges*, 197.
42　Tammi J. Schneider, *Berit Olam, Studies in Hebrew Narrative & Poetry, Judges*, 197.
43　Tammi J. Schneider, *Berit Olam, Studies in Hebrew Narrative & Poetry, Judges*, 197.
44　김홍전, 『사사기 소고Ⅱ』, 195.

라고 암몬 족속에게 말할 때. 이스라엘 전체를 대표하는 입장이었다.[45] 그러나 삼손은 "내가"라는 표현을 썼을 때는 자신의 개인적인 의사만 전달했을 뿐 아무런 효력을 갖지 못하였다. 그가 비록 하나님으로부터 나실인으로, 사사로 부름을 받았다고 해도 말이다.

지금 현대의 교회를 꼬집는 소리가 아닌가?

설교를 아무리 잘 해도 큰 교회 담임목사가 아니면 소리를 내지 못하며, 그의 능력이 아무리 뛰어나도 교단에 설 자리가 없다. 오죽하면 하나님보다 담임목사의 말을 잘 들어야 하는가.

만약에 담임목사의 말을 안 듣고 하나님 편에서 나름 소신있는 행동을 했을 때 다음날로 해고 통지서가 날아드는 것을 경험했다. 한마디로 파리 목숨과 같다. 그러므로 삼손의 힘이 아무리 셀지라도 유다 지파 사람들의 협력이 없으면 삼손도 파리 목숨과 같을 것이다.

클라인의 에스더서 분석은 삼손에게 적용될 수 있다.[46] 모르드개가 자신이 유대인임을 강조한 것이, 아이러니하게도 유대인 공동체에 큰 위험으로 다가왔지만, 에스더는 자신의 신분을 나타내지 않음으로써, 오히려 도움이 될 수 있었다는 것이다.[47] 삼손 설화가 어떻게 현 자료로 놓여지게 되었는가 하는 역사의 재구성은 우리의 관심사가 아니다.[48] 삼손이 딤나 여인을 취한 것도 이스라엘 공동체를 위한 것이었다. 그는

---

[45] 김홍전, 『사사기 소고Ⅱ』, 195.
[46] 장일선, "삼손 설화의 해체론적 시도," 68.
[47] 장일선, "삼손 설화의 해체론적 시도," 68.
[48] 장일선, "삼손 설화의 해체론적 시도," 68.

그렇게 하는 게 마땅하다고 생각했다.

사사기 13:25을 보면 "소라와 에스다올 사이 마하넷단에서 야훼의 영이 그를 움직이기 시작"했다고 한다.

야훼의 영이 임하셨는데, 왜 하필 딤나로 내려갔는가?

왜 하필 가나안 여인을 아내로 택하였을까?

사사기 14:1을 보면 "삼손이 딤나에 내려가서 블레셋 사람의 한 여인을 보고" 여기서 삼손의 전쟁이 시작된다. 블레셋과 싸울 운명으로 귀결된다. 삼손의 성격은 문학적 구조 속에서 발견되어진다.[49]

3. 삼손

삼손은 고독한 사사였다. 삼손은 사사기 안에서 마지막 주요한 사사이며, 가장 작은 규모의 지도자였다.[50] 삼손 이야기는 블레셋의 손에 건져 준 야훼 눈앞에 이스라엘 자녀들이 "나쁜 짓"을 했다는 것에 대한 공지로부터 시작한다(삿 13:1).[51]

사사기에서 삼손은 이스라엘이 그들의 절대적인 절망 상태에 돌입

---

[49] Hyeong-joo Jeong, "A Study of the Samson Narrative as a Performance text Bible Srudy and Semiotics" (Ph.D. dissertation, The Department of Biblical Studied University of Sheffield, 1995), 12.

[50] Tammi J, Schneider, *Berit Olam, Studies in Hebrew Narrative & Poetry, Judges*, 193.

[51] Tammi J, Schneider, *Berit Olam, Studies in Hebrew Narrative & Poetry, Judges*, 194.

하기 직전에 사사였다.⁵² 사사 옷니엘은 그 이복동생인 악사를 아내로 맞이했다. 그 당시 근친혼은 크게 문제 되지 않았다.⁵³ 옷니엘은 남방 헤브론을 소유하며, 큰 농사를 지었고, 목축을 하였다. 유다 지파의 지도자 자격으로 편하게 살았지만, 이스라엘을 위해 일어났다.

왼손잡이 에훗(장애인),⁵⁴ 농부 삼갈,⁵⁵ 드보라,⁵⁶ 기드온, 아비멜렉, 다들 연약한 사람들이었으나 이스라엘 백성에게 신임을 받았다.

왼손잡이 에훗은 오른손을 쓸 수 없는 장애를 뜻한다.⁵⁷ 베냐민이란 이름에서 벤은 아들이고 야민은 오른손을 뜻한다.⁵⁸ 오른손이란 힘의 상징이다.⁵⁹ 베냐민 지파에서 오른손을 쓸 수 없다는 것은 그 사람이 장애를 지녔다는 의미이다.⁶⁰

이런 사람을 사사로 세우신 하나님의 뜻을 발견할 수 있는가?

에훗은 장애를 지녔음에도 사람들의 지지를 받았다.⁶¹ 나는 부족하여도 하나님의 오른손이 나를 지킬 것이라는 믿음을 갖고 불가능에 도전

52　Tammi J. Schneider, *Berit Olam, Studies in Hebrew Narrative & Poetry, Judges*, 193
53　이동원, 『이렇게 시대를 극복하라』 (서울: 나침반사, 2001), 40.
54　왼손밖에 쓸 수 없는 장애를 말한다.
55　농사꾼이 무슨 국제 정서를 알며, 또 안다 한들 그 당시 군인들을 어떻게 다루었을까?
56　이때의 고대 근동이나, 이스라엘은 여자를 개인의 물품으로 생각했다. 그 당시 이스라엘은 크나큰 모험을 감행한 것이다.
57　이동원, 『이렇게 시대를 극복하라』, 56.
58　이동원, 『이렇게 시대를 극복하라』, 56.
59　이동원, 『이렇게 시대를 극복하라』, 56.
60　이동원, 『이렇게 시대를 극복하라』, 56.
61　이동원, 『이렇게 시대를 극복하라』, 59.

하길 바란다.⁶²

농부 삼갈은 농부임에도 불구하고 사람들로부터 지지를 받았다.

드보라는 여성임에도 불구하고 사람들로부터 지지를 받았다. 그 당시 여성의 지위는 정말 보잘 것이 없었다. 재판에 나가서도 증인으로 채택되지 못했고, 누구의 아내, 혹은 누구의 딸, 누구의 누이, 누구의 어머니로 소개되었다. 여성이 그렇게 취급받던 시대에 국가의 수반으로서, 입법, 사법, 행정권을 누리는 사사로 등극한 것은 보통의 사건이 아니다. 즉, 국가의 비상사태에 사사로 나타났다. 출애굽기만 보더라도 모세의 탄생 사건에 관계된 여성들은 모세의 어머니, 레위 족속 중의 한 여인, 그 누이, 바로의 딸이 소개된다.⁶³

기드온은 미디안 군이 쳐들어와 곡식을 빼앗길까 봐 지하에 있는 포도주 창고에서 몰래 밀 타작을 하던 사람이었다. 아비멜렉은 기드온의 70여 명의 아들 가운데 세겜의 첩에서 난 서자였다(삿 8:31).

이 사람들은 완벽하지 못하였어도 위대한 사사로 쓰임 받았다.

삼손은 하루를 비추는 자그마한 태양, 작은 태양이라고 이해됐다. 그러나 필자가 보기에는 이스라엘에 작은 태양이라도 있었으면 하는 하나님의 바람이라고 여겨진다.

많은 성경주석가는 삼손의 이름을 히브리어로 "Shimsh[on]"(샴소[온])으로 생각했고, 전해져 온 태양에서, 그들은 접미사로 지적했다. 'on' 접미사로 끝나는 것은 일반적으로 "작은"을 의미했다. 그래서 태양

---

62 이동원, 『이렇게 시대를 극복하라』, 59.
63 김윤희, 『구약의 조연들』(서울: 생명의말씀사, 2004), 34.

으로 생각했다(Word for a day for Sun, but they have pointed out that suffix).[64] 태양을 의미하는 단어이다. 그러나 학자들은 'on'을 접미사로 보고 있다.

그러나 삼손은 태어날 때부터 나실인이란 칭호를 하나님께 받았는데, 정작 사람들은 사사 취급을 안했다. 그리고 삼손 혼자 블레셋과 싸웠다. 그 증거가 사사기 15:9-10에 있다. 이에 소긴(Soggin)은 "영웅의 성적인 모험은 수치심, 현혹(사기), 그리고 이름을 가져오는 이방 여인의 주제에 대한 간단한 예증"이라고 주장한다.[65]

> 고결한 영웅으로서 삼손에 대한 생각은 일찍이 삼손의(그의 성적인 약함을 제외한) 강인함을 밝힌 요세푸스에 의해서 언급된다. … 다른 모든 사람에게 존경받는 그는 독특한 미덕이 있는 사람 중 하나였다 (Ant 5.8.1.).[66]

첫 번째 강조점은 시간이다. 몇몇의 학자들은 삼손 이야기와 딤나 여인, 소렉 골짜기의 삼손 이야기 사이의 유사점을 강조한다.[67] 딤나와 소렉 골짜기에서 벌어진 일을 평행으로 연속적인 이야기의 에피소드로 간주한다.[68] 즉, 두 이야기가 같다는 것이다.

---

[64] Pnina Galpaz-Feller, *Samson: The Hero and Man: The Story of Samson* (Bern· Berlin· Bruxellles·Frankfurt am Main- New York·Oxford· Wien), 37.

[65] Tammi J. Schneider, *Berit Olam: Studies in Hebrew Narrative & Poetry, Judges*, 193.

[66] Tammi J. Schneider, *Berit Olam: Studies in Hebrew Narrative & Poetry, Judges*.

[67] Hyngioo Jeong, "A study of the Samson Narrative as a performance-Bible study and the semiotics of Theatre" (The department of Biblical Studied, 1995), 16.

[68] Hyngioo Jeong, "A study of the Samson Narrative as a performance-Bible study and

두 번째 강조점은 공간의 배열이다. 이 공간적 배열은 삼손 이야기의 내러티브 구조를 위한 진화를 제공한다.[69]

1) 사사기의 구조

대부분 학자는 사사기가 서론(1:1-2:5)과 가운데 부분(2:6-16:31) 그리고 두 개의 이야기로 구성된 에필로그(17:21-25), 세 부분으로 이루어져 있다는 사실에 동의한다.[70] 사사기는 이스라엘 주변에 남아 있던 민족들에 의해서 자주 억압당하는 이야기들의 무대를 나타내는 역할도 하고 있다고 학자들은 생각한다.[71] 엑섬(Exum)은 "약속과 성취"라는 이 범위 속으로 정의한다.[72] 그녀는 마노아가 메신저에게 물은 네 가지 질문에 관심이 있다. 그녀는 어린아이의 태어남(삿 13:24)에 도달하는 목표를 가지고, 어린아이의 출생으로 결론 맺는다. 신의 현현의 흥분 가운데 13:19-22의 "약속과 성취"는 배경의 순간 속으로 빨려들게 한다.

시작부터 내러티브는 두 가지에 초점을 맞추는데, 그것은 메신저와 메시지이다.[73] 나래이터는 이 구절을 "야훼를 위해 만들어진 위대한 일꾼"

---

the semiotics of Theatre," 16.
[69] Hyngioo Jeong, "A study of the Samson Narrative as a performance-Bible study and the semiotics of Theatre," 14.
[70] Raymond B. Dillard and Temper Longman, 『최신구약개론』, 박철현 역 (경기: 크리스찬 다이제스트, 1997), 184-185.
[71] Raymond B. Dillard and Temper Longman, 185.
[72] J. C. Exum, "Promise and Fulfillment: Narrative Art in Judges 13," *JBL*, 99, 55.
[73] J. C. Exum, "Promise and Fulfillment: Narrative Art in Judges 13," *JBL*, 99, 55.

기드온과 평행을 이루는 구절로 만드는데, 70인역와 MT(맛소라 사본)에서 확인할 수 있다.[74] 마노아의 아내가 흥미로운 신 현현을 보게 하셨다.[75] 그 메신저는 자신을 "기묘자"로 묘사한다. 기묘자란 예수님에 관해 이야기할 때 쓰였다(삿 13:18). 그리고 마노아도 걱정을 한다(삿 13:21).

우리가 하나님을 보았으니 반드시 죽으리로다(삿 13:22).

이스라엘을 드보라가 통치했을 때도, 관례상 그 법의 기원을 생각하면서, 사사기 안에서 '미스파트'(공의)의 법상 혼자 결정하지는 않았다.[76] 그러나 오늘 하나님의 사자가 직접 나타나 일방적으로 약속하였다. 지금 내레이터는 마노아가 전체 이스라엘의 대표로 인정되는 이스라엘의 한 족장으로서, 약속의 아들이 어떻게 생길지에 관해 의문을 묘사했다.[77]

무엇이 마노아의 행동 양식을 만들었나?[78]

그러므로 오신 이가 그리스도임을 깨닫게 된다.

삼손은 딤나로 내려간다.[79] 그는 거기서 젊은 한 여인을 보았다.[80]

---

[74] Robert G. Boiing, *The Anchor Bible, Judges in troduct and Commentary*, vol. 6 (Doubleday and Company, Inc Garden City New York), 222.
[75] Robert G. Boiing, *The Anchor Bible, Judges in troduct and Commentary*, vol. 6, 222.
[76] Robert G. Boiing, *The Anchor Bible, Judges in troduct and Commentary*, vol. 6, 222.
[77] Hyngioo Jeong, "A study of the Samson Narrative as a performance-Bible study and the semiotics of Theatre," 16.
[78] Robert G. Boiing, *The Anchor Bible, Judges in troduct and Commentary*, vol. 6. 222.
[79] Robert G. Boiing, *The Anchor Bible, Judges in troduct and Commentary*, vol. 6, 227.
[80] Robert G. Boiing, *The Anchor Bible, Judges in troduct and Commentary*, vol. 6, 227.

삼손은 그의 부모에게 그녀를 자신의 아내로 맞겠다고 말했다.[81]

  삼손은 소렉 골짜기의 들릴라와 사랑에 빠진다.[82] 블레셋 사람들은 들릴라에게 삼손의 힘이 어디서 나오는지 알아보도록 요구했다.[83] 삼손은 그때마다 수수께끼 같은 말로 빠져나간다. 삼손의 수수께끼는 14장부터 시작된다(삿 14:12). 삼손은 "태어나면서 죽을 때까지" 수수께끼를 함으로써 지금 독자(우리)는 삼손의 특별한 무대 속으로, 삼손 시절의 도시나 장소로 이끌려 간다. 저자가 지역의 전통과 태양신화의 전통을 강력하게 영웅 이야기와 융화시켰을지도 모른다.

  삼손은 날 때부터 나실인이라는 칭호를 하나님께 받았는데 정작 사람들은 사사 취급을 안 했다. 그리고 삼손 혼자서 블레셋과 유다와 싸웠다. 그 증거가 사사기 15:9-11에 있다.

> 이에 블레셋 사람이 올라와 유다에 진치고 레히에 편만한지라 유다사람들이 가로되 너희가 어찌하여 올라와서 우리를 치느냐 그들이 대답하되 우리가 올라온 것은 삼손을 결박하여 그가 우리에게 행한 대로 함이로라 하는지라 유다사람 삼천 명이 에담 바위에 내려가서 삼손에게 이르되 너는 블레셋 사람이 우리를 다스리는지 알지 못하느냐 네

---

[81] Hyngioo Jeong, "A study of the Samson Narrative as a performance-Bible study and the semiotics of Theatre," 15.

[82] Hyngioo Jeong, "A study of the Samson Narrative as a performance-Bible study and the semiotics of Theatre," 15.

[83] Hyngioo Jeong, "A study of the Samson Narrative as a performance-Bible study and the semiotics of Theatre," 15.

가 어찌하여 우리에게 이같이 행하였느냐 하니 삼손이 그들에게 이르되 그들이 내게 행한 대로 행하였노라 하니라(삿 15:9-11).

사사기에서 그들이 마지막 절망 상태에 돌입하기 직전의 사사였다. 삼손은 이스라엘의 야훼가 그의 출생 전으로부터 지도자를 약속했던 일시의 지도력에 관한 마지막 시도였다.

사사기의 구조는 다음과 같다.[84]

1. 옷니엘(3:7-11).
2. 에훗(3:12-30).
3. 삼갈(3:31).
4. 드보라와 바락(4:1-12).
5. 기드온(6:1-8:32).
6. 돌라(10:1-2).
7. 야일(10:3-5).
8. 입다(11:1-11).
9. 입산(12:8-10).
10. 압돈(12:13-15).
11. 엘론(12:11-12:12).
12. 삼손(13:1-16:31).

---

[84] 장일선, "삼손 설화의 해체론적 시도," 34호, 68.

위의 사사들 명단 옆에 언급된 성경 본문을 비교해 보면 삼손의 경우가 제일 긴 것으로 되어 있다.[85]

그렇다면 사사기의 성경 설화자는 왜 13:25처럼 표현하였을까?

왜 사람들은 삼손을 깊이 읽어 보지도 않고 개망나니 취급 했을까?[86]

클라인이 지적한 대로 '또 하나의 아이러니'는 삼손보다 보잘것없는 다른 사사들이 그들의 할 일을 다 하고 있다.

2) 삼손 이야기의 구조

(1) 삼손의 출생

① 연대에 관한 언급.

② 부모들이 하나님을 보았으나 죽지 않았음: 삼손의 죽는 날에 대한 언급.

③ 삼손이 소라와 에스다올 사이에서 자람: 삼손의 아비 마노아에 대한 언급.

---

[85] David A. Dorsey, 『구약의 문학적 구조』, 168.
[86] 김서택, 『믿음의 영웅들』(서울: 도서출판 솔로몬2014), 413-414; 옥성석, 『어처구니를 붙잡은 삼손』(서울: 국제제자훈련원, 2006), 89; 김경섭, 『사사열전』(서울: 프리셉트 2009), 266; 이형원, 『하나님께 쓰임받은 사람들』(서울: 한국강해학교출판부,2014), 152. 이 글들은 한국을 대표하는 설교가들이거나 학자이다. 삼손이 의도적으로 블레셋 여인과 결혼한 것을 꼬집어 그가 잘못했으니 우리는 그러지 말자는 설교 양상을 보이고 있다. 그렇다면 삿 13:25-14:1은 어떻게 설명할 것인가?

(2) 삼손이 블레셋 아내에게 수수께끼의 답을 누설함

① 시작: 삼손이 딤나 계곡에서 블레셋 여인과 사랑에 빠짐.

② 블레셋 사람들이 여인에게 삼손을 유혹하여 답을 알아내지 못하면 집을 불태우겠다고 함.

③ 처음에 여인이 실패 하나 결국 알아내어 블레셋 사람들에게 알려줌.

④ 배경: 딤나.

(3) 삼손이 딤나에 있는 아내를 방문함(15:1-8)

① 삼손이 화가나 자칼 30마리를 꼬리에 꼬리를 묶어 그 마을의 밭을 불태움.

② 시작: 삼손이 아내를 찾아감.

③ 끝: 삼손이 에담으로 돌아감.

(4) 전환점: 삼손이 블레셋 사람 천 명을 죽임: 나귀턱뼈를 사용함, 이스라엘의 거절(15:9-20)

① 삼손이 사사로 지낸 기간에 대한 요약.

(5) 삼손이 가사에 있는 기생을 방문함(16:1-3)

① 블레셋 사람들이 반대하자 성 문짝을 빼어감.

② 시작: 삼손이 가사에 있는 기생을 찾아감.

③ 끝: 삼손이 가사에 있는 문을 헤브론으로 가져감.

(6) **삼손이 들릴라에게 자신의 비밀을 누설함**(16:4-22)

① 시작: 삼손이 소렉 골짜기에 있는 들릴라와 사랑에 빠짐.

② 블레셋 사람들이 들릴라에게 뇌물을 주며 삼손을 유혹해 비밀을 알아내게 함.

③ 처음에는 실패하나 결국 알아내어 블레셋 사람들에게 답을 알려줌.

④ 핵심 단어: 말하다.

⑤ 배경: 소렉(딤나) 계곡.

(7) **삼손의 죽음**(16:23-31)

① 연대에 관한 언급.

② 삼손은 보지 못한 채 죽음.

③ 삼손이 살았을 때보다 더 많은 사람을 죽임(16:30).

④ 삼손이 소라와 에스다올에서 장사 됨: 마노아에 대한 언급.[87]

위에서 언급된 것처럼, 삼손이 살았을 때보다, 죽었을 때, 블레셋 방백들과 블레셋 백성들이 더 많이 죽였다는 언급이 나온다.[88] 이형원 교수의 탁월한 책 『구약성서 비평학 입문』에서는 교차대구를 잘 설명한다.[89]

① 사사기 13:3 절의 삼손의 수태고지(기쁜 소식).

---

[87] David A. Dorsey, 『구약의 문학적 구조』, 168.
[88] David A. Dorsey, 『구약의 문학적 구조』, 165.
[89] 이형원, 『구약성서 비평학입문』 (대전: 침례신학대학출판사, 1991), 320.

② 16:30에서 삼손이 살았을 때보다 죽을 때 죽인 자가 더 많았다(이스라엘에게 기쁜 소식). 날 때부터 나실인이 된 삼손은 그가 의도하지 않았든, 의도했든, 날 때부터 죽는 날까지 나실인으로 살았다. 죽을 때 더 많은 블레셋 사람들을 죽임으로써 그의 임무를 완성하였다. 대칭 구조도 완벽하게 이룬다.

〔전주------------ 중간기-------------- 결미〕
자궁(요람)---------------------------- 무덤

삼손의 출생소식(기쁜소식)
↑
삼손의 고독
↓
삼손의 죽음(16:30 살았을 때보다 죽었을 때 더 많이 죽임: 이스라엘에게 기쁜소식)

그러므로 기존의 학자들이나 목회자들이 삼손을 부정적으로 평가해도 삼손은 그의 할일을 다하였다.[90]

---

[90] Hyngioo Jeong, "A study of the Samson Narrative as a performance-Bible study and the semiotics of Theatre," 16.

3) 문학적 구조

사사기 14장

A. 1-4절: 삼손이 내려감
 ① 삼손의 부모사이의 대화
  ② 부모의 반대
   ③ 다른 여성에 대한 삼손의 거부

B. 5절: 삼손이 딤나에 내려감
 ① 동물을 수반하는 행위

C. 7-9절: 그리고 그가 내려갔다. 그리고 그녀에게 말했다
 ① 꿀을 수반하는 행위 예의 바른 행위

D. 10-20절: 그의 아버지가 여성에게 내려갔다.
   ① 삼손, 블레셋 사람, 딤나 사람들과의 대화
  ② 블레셋 사람들의 삼손을 이기기 위해 딤나 여인을 위협하다
 ③ 야훼의 사자와 삼손의 승리

사사기 15장

A' 1-3절: 얼마 후 … 삼손이 딤나를 방문하다
 ①' 삼손과 장인의(부모) 대화

②´ 부모(장인)의 반대

　　　③´ 다른 여성에 대한 삼손의 거부

B´ 4-6a절: 삼손이 갔다

①´ 동물을 수반하는 행위

C´ 6b-8절 블레셋 사람들이 올라왔다

①´ 복수하는 행위, 예의 없는 행위

D´ 9-19절 블레셋 사람들이 올라왔다

①´ 유대인, 블레셋 사람들의 담소

　②´ 블레셋이 삼손을 치기위해 이스라엘을 협박하다

　　③´ 야훼의 사자와 삼손의 승리

4) 이스라엘의 영적 몰락

　사사기는 사사 시대의 이스라엘의 종교적, 정치적 타락상을 보여 준다.[91] 성경을 대충 읽는 사람들에게는 사사기가 영웅들의 이야기로 인식될 수 있지만, 자세히 보면 사사기의 패역한 시대를 책망하고 있으며, 대부분의 사사는 실패한 영웅으로 묘사된다는 것을 알 수 있다.[92]

---

[91] David A. Dorsey, 『구약의 문학적 구조』, 168.
[92] 김홍전, 『사사기 소고Ⅱ』, 192.

사실 이스라엘의 영웅은 하나님이시다.[93] 특히 하나님은 후기의 사사들의 거듭된 실패에도 불구하고 그들을 은혜로 대하신다.[94]

삼손에 관한 이야기는 장면 변화에 단락이 구분되는 7개의 단위로 이루어진다.[95] 대칭구조로 이루어져 있는 7개의 에피소드로(Episode)는 점차 악화하여 가는 이스라엘 상황 초점을 맞춘다.[96]

4. 등장인물의 아이러니와 유비

1) 아이러니(Ironia)

아이러니란 처음에 초기 그리스 시대의 희극의 전형적인 인물인 에이런(Erion)의 말과 행동 양식에 적용되었던 말이다.[97] 그의 상대역으로는 또 다른 인물인 허풍선이 알라존(Alazon)이 있는데, 그는 허풍을 떨면서 상대방을 속여 그의 목적을 달성하려고 한다.[98] 패배자로 등장하는 에이런은 약하고 왜소하며, 교활하고 약삭빠르다.[99] 그는 힘과 천진

---

[93] 전의영, "설화비평의 관점에서 본 삼손 이야기 연구"(철학박사 학위논문, 2006), 172.
[94] 김홍전, 『사사기 소고Ⅱ』, 194.
[95] David A. Dorsey, 『구약의 문학적 구조』, 167.
[96] David A. Dorsey, 『구약의 문학적 구조』, 167.
[97] 한용환, 『소설학 사전』(서울: 문예출판사, 2004), 302.
[98] 한용환, 『소설학 사전』, 302.
[99] 한용환, 『소설학 사전』, 302.

함을 가장함으로써, 점차 알라존에 대해 승리를 거둔다.[100] 아이러니는 어떤 경우에서든 이러한 의미를 함축하고 있다.[101] 즉, 그것은 겉으로 드러난 것과 실제 사실과의 사이의 괴리라는 뜻을 담고 있다.[102]

이 용어가 처음 기록된 것은 플라톤(Plato)의 『국가론』에서였으며, 소크라테스(Socrates)의 독특한 대화 방식, 즉 무지와 어리석음을 가장한 질문을 던짐으로써 상대방의 주장을 약화시키고, 점차 올가미에 사로잡히게 하는 방식을 가리킨다.[103]

가끔씩 내포저자는 한 작품에서 독자로 하여금 어떤 해석을 거부하고 다른 해석을 받아들이게 하거나, 아니면 최소한 다른 방식으로 해석할 수 있는지 찾아보게 한다.[104]

로마의 수사학자들(특히 키케로와 퀴티릴언)이 아이러니(Ironia)를 대부분 언어 그 자체가 모순되는 수사학적 비유 방식으로 사용했다.[105] 아이러니는 내포저자의 의도를 이루는 데 유용하다.[106] 각 단어의 구절을 그대로만 읽으면 이야기를 잘못 이해할 수도 있다.[107] 아이러니는 내포저자의 의도를 이루는 데 유효한 기법이다.[108] 이러한 표현의 이중 날은

---

[100] 한용환, 『소설학 사전』, 302.
[101] Mark A. Powell, *What is Narrative Criticism?*, 30.
[102] 한용환, 『소설학 사전』, 302.
[103] 한용환, 『소설학 사전』, 302-303.
[104] Mark A. Powell, *What is Narrative Criticism?*, 30.
[105] 한용환, 『소설학 사전』 (서울: 문예출판사, 2004), 302.
[106] Mark A. Powell, *What is Narrative Criticism?*, 28.
[107] Mark A. Powell, *What is Narrative Criticism?*, 28.
[108] 한용환, 『소설학 사전』, 302.

아이러니와 통시적인 용어로 사용되었다.

아이러니라는 용어는 비록 그 용어가 사상(Thought)이나 느낌(Feeling) 표현의 양식(Style of ExPression)으로서 상당히 정교해지기 시작했을 지라도, 그 용어 자체의 사용은 17세기 말이나 18세기까지 일반화되지 못하였다.[109] 유럽에서는 아이러니라는 개념이 실재적 성장을 나타내기 시작한 것은 훨씬 뒤에 있었고, 점차 발전하였고 정리되었다. 최근 의학 잡지에 게재된 한 논문 가운데 희귀한 유형의 뇌출혈이 일어나 땀 선을 통해 피가 몸 밖으로 나왔다고 주장하면서 누가복음 22:44을 설명하려 했다.[110] 하지만 누가복음에 내포저자는 겟세마네 동산의 예수가 뇌출혈을 일으켰다고 주장하는 것이 아니다. 그러한 주장은 극단적인 오해이다.[111] 오히려 예수의 땀방울이 핏방울처럼 떨어졌다는 내레이더의 묘사는 일종의 비유이며, 일반적인 언어 비유이기에 이 구절은 문자 그대로 해석하면 안 좋은 신앙의 결과를 초래할 수 있다.[112]

2) 유비(Analogy)

유비란 영어로 'Analogy'라고 하며, 철학적 용어에서 나왔다. 사사기 13-16장에서 이스라엘 백성들은 삼손을 도와야 했다. 그러나 그들

---

[109] 한용환, 『소설학 사전』, 302.
[110] Mark A. Powell, *What is Narrative Criticism?*, 28.
[111] Mark A. Powell, *What is Narrative Criticism?*, 28.
[112] Mark A. Powell, *What is Narrative Criticism?*, 29.

의 행동은 정반대의 길을 걸었다. 자신의 아내를 다른 블레셋 사람에게 넘긴 장인을 향한 분노가 블레셋 사람들에 미치어 자칼 30마리의 꼬리에 꼬리를 묶어 블레셋이 곧 수확할 밭을 모조리 불태워 버렸다.[113]

삼손은 그것을 미리 계획하였다.

> 삼손이 그들에게 이르되 이번은 내가 블레셋 사람들을 해할지라도 그들에게 대하여 내게 허물이 없을 것이니라 하고(삿 15:3).

삼손은 블레셋을 치려는 의도로 블레셋 여인과 결혼한 것이다. 그리고 에담 바위틈에 숨었다. 블레셋 사람 1,000명이 유다에 편만하였다. 유다에서는 3,000명이 나왔다.

어째서 유다 사람 3,000명이 블레셋 사람 1,000명을 상대하지 못하겠는가?

유다는 블레셋과 싸울 맘이 없었다. 유다는 그만큼 썩어 있었다.

오죽하면 지명이 'Palestine'이라 하겠는가?

그만큼 블레셋이 하는 게 맘에 들었다. 마치 우리나라 40년간 일본의 압제에 있을 때, 일본의 앞잡이들이 했던 것처럼 말이다. 그리고 이들은 전국민적으로 블레셋의 앞잡이가 되어 있었다. 삼손은 그들을 향해 소리치고 있었다. 이제 그만 블레셋의 손아귀에서 벗어나라고 무언의 말을 던지고 있었다. 유다가 하는 짓과 삼손이 블레셋 여인과 결혼

---

[113] 김서택, 『믿음의 영웅들』(서울: 도서출판 솔로몬, 2014), 249.

한 것이 나실인으로는 하지 말아야 할 것이 유비되고 있다.

삼손은 은연중에 유다에게 이렇게 소리치고 있었다.

"이제 그만 블레셋의 손아귀에서 벗어나라!"

사전적 정의에 따르면 철학에서 유비는 서로 다른 상호 간의 대응적, 혹은 동일성을 말한다.[114]

5. 이스라엘

사사기 13:1에 명시된 대로 이스라엘은 야훼의 눈앞에서 악을 행하였다. 그것이 우상숭배였는지, 이스라엘의 육체적 타락이었는지 명확하게 이야기하지 않는다. 하지만 삼손의 경우를 보더라도 이스라엘이 영적 타락에서 다곤 신을 숭배하던 이교도의 삶을 따라 간음했음을 추측을 통해 알 수 있다. 또한, 삼손이 에담 바위틈에 숨어 있을 때, 이스라엘 사람 3,000명이 그를 체포하였다(삿 15:11). 여기서 이 문제에 대해서 긴 해석은 않더라도, 몇 가지 주요한 요점을 말해 보고자 한다.[115]

첫째, 삼손이 처해 있던 그 시대의 이스라엘 사람들의 상태가 어땠나

---

[114] J. Alberto Soggin, *Judges: A Commentary, The Old Testament Library* (Piladelphia: Westminster Press, 1981), 239. 여자 특이한 표현: 이런 경우 히브리적 표현, 처녀, 혹은 유비적 표현. J. C. Exum, "Promise and Fulfillment: Narrative Art in Judges 13," *JBL*, 99, 45.

[115] 『새 프라임 사전』(서울: 동아출판사), 210.

하는 것이다.¹¹⁶ 삼손이 나타났을 때, 이스라엘의 도덕적, 정치적, 영적 상태는 어땠을까 하는 것이다.¹¹⁷

둘째, 문제는 이스라엘 백성의 그런 상태¹¹⁸와 삼손과의 관계는 어땠을까 하는 것이다. 즉, 그러한 백성들의 상태 속에서 삼손은 어떤 생각하고 있느냐 하는 것이다.¹¹⁹

셋째, 이스라엘 백성에게 가나안 사람들과 결혼을 금하신 이유가 무엇인가 하는 것이다.¹²⁰

1) 마노아와 그의 아내와 야훼의 사자 속의 아이러니와 유비(사 13장)

사사기 13장은 삼손의 부모에게 출생의 예고 형식으로 단 지파의 영웅인 삼손의 업적에 대한 서론을 우리에게 가르친다(혹은 가져다준다). 사사기 13장의 초점은 삼손의 부모와 특별한 그의 출생 소식을 가져오는 사자에게 있다. 이때 이름 없는 여성(마노아의 아내)에게 직접 통보하는데, 마노아는 이차적이다.¹²¹ 우리는 여기서 이름 없는 여인을 발견할 수 있다.

왜 야훼가 마노아에게 직접 말하지 않고 여인에게 나타난 것일까?

---

[116] 김홍전, 『사사기 소고Ⅱ』, 215.
[117] 김홍전, 『사사기 소고Ⅱ』.
[118] 김홍전, 『사사기 소고 Ⅱ』 215. 정치적으로, 도덕적으로, 영적으로 심히 타락한 상태를 보여 주고 있다.
[119] 김홍전, 『사사기 소고Ⅱ』, 215.
[120] 김홍전, 『사사기 소고Ⅱ』, 215.
[121] J. C. Exum, "Promise and Fulfillment: Narrative Art in Judges 13," *JBL*, 99, 43.

여기서 우리는 아이러니를 발견할 수 있다. 삼손 이야기 속에는 삼손과 관련된 이름 없는 사람들, 즉 딤나 여인과 그녀의 가족들, 결혼식과 관련된 축제에서의 친구들, 그리고 장인 등이 있으나, 분명하게 삼손의 이름이 나타나는 것에 관심을 가져야 한다.[122]

그러한 삼손의 이름이 처음부터 나타나질 않고 첫 번째 언급이 13장의 맨 마지막에 삼손이 태어나고 그 이름이 삼손이라는 것에 주목할 필요가 있다.[123] 이 이야기는 인물을 중심으로 풀어나가는 것이 사실이기는 하나 내포저자의 의도는 삼손에게 그 초점이 맞추어진 것이 아니라, 야훼의 위대함에 있다. 삼손 이야기는 이런 종교적 배경을 지니고 있다.[124] 삼손은 이야기 속에서 비극적 영웅으로 묘사된다.[125]

앞에서 보았다시피 이 당시 여성은 누구의 아내, 누구의 동생이나 누이로밖에 살 수 없었다. 법정에서도 증인으로 채택되지 못하였다. 그럼에도 불구하고 여인에게 나타나신 것은 아이러니로밖에 설명할 수 없을 것이다. 야훼는 철저하게 남성 위주의 사회에서 보잘 것 없는 여인을 택하셨다. 그리고 마노아의 기도를 들으셨다. 이것은 남성 위주의 사회에 신선한 파문을 일으키는 것으로 볼 수밖에 없을 것이다.

교차대구(inclusion)는 여인과 그의 남편에게 나타난 사자와 여인의

---

[122] 전의영, "설화비평 관점에서 본 삼손 이야기 연구," 195.
[123] M. Green, Enigma Variation: Aspect of Samson story Jedges 13-16 (Vox Evangelica 21, 1991), 76.
[124] M. Green, "Enigma Variation: Aspect of Samson story Jedges 13-16," 76.
[125] M. Green, "Enigma Variation: Aspect of Samson story Jedges 13-16," 76.

보고의 패턴을 강조한다.¹²⁶ 신의 현현이 여성에게도 나타날 수 있다는 내포저자의 의도임이 틀림없다. 이것도 아이러니이다. 야훼의 사자는 이런 이름 없는 여인에게 나타났다. 사사기 13장에 나타난 유비는 그녀의 남편에게도 똑같이 나타난다. 이 역시 여인을 먼저 방문한 다음 마노아에게 나타난다.¹²⁷

마노아에게 나타난 신의 현현은 야훼를 뵙는 것과 같은 것이었다. 그 여인은 아들을 낳고서 그 이름을 삼손이라 하였다. 그 아이는 주님께서 내리시는 복을 받고 잘 자랐다(삿 13:24). 원문에서는 마노아의 이름 없는 아내가 삼손의 이름을 짓는다. 그것에서도 아이러니가 나타난다.¹²⁸ 마노아의 아내, 즉 이름 없는 여성이 삼손의 이름을 짓는다는 것이 아이러니요, 아버지가 처음 난 아들의 이름을 짓지 않는 것이 아이러니이다. 삼손의 이름은 어머니에 의해서 지어졌지만, 그 당시 일반적으로 아버지가 이름 짓는 것이 일반화가 되어 있었다.¹²⁹ 그런데 삼손은 어머니에 의해 이름 지어졌다.¹³⁰

삼손은 자신이 하나님의 소명을 받았다는 것을 확신했다.¹³¹ 삼손은 자유로운 삶을 살았다.

---

126 J. C. Exum, "Promise and Fulfillment: Narrative Art in Judges 13," *JBL*, 99, 44.
127 J. C. Exum, "Promise and Fulfillment: Narrative Art in Judges 13," *JBL*, 99, 46.
128 전의영, "설화비평의 관점에서 본 삼손 이야기 연구," 104.
129 전의영, "설화비평의 관점에서 본 삼손 이야기 연구," 264.
130 전의영, "설화비평의 관점에서 본 삼손 이야기 연구," 264.
131 이종수, 『약점에도 불구하고 하나님께 쓰임 받은 삼손』 (서울: 부흥과개혁사, 2004), 59.

이스라엘의 영웅 중 삼손보다 자율이 더 많은 사람은 누구일까?[132]

사사기 13:25에서 야훼의 영이 삼손을 감동시켜 삼손이 움직이길 시작하였다. 사사기 14:1에 삼손이 딤나로 내려갔다.

왜 하필 이스라엘의 여성들도 많은데, 블레셋의 여인을 좋아하게 되었을까?

이러한 표현된 주제들을 감안할 때, 이야기 분석을 도울 수 있는 요소 하나는 서술자의 자율 중심이다.[133] 야훼는 이스라엘의 구원 도구로 삼손을 계시하셨다. 삼손은 자신의 사명에 따라 블레셋을 치기로 마음먹었다.

2) 삼손과 유다-블레셋의 아이러니 (사 13장)

블레셋 사람들은 주로 평야 지대에 점령하였는데, 욥바(Joppa)가 그 중심지였다.[134] 그리고 욥바에서 남쪽으로 내려오면 '쉐펠라' 낮은 땅이라는 곳이다.[135] 그곳은 농사짓기도 좋고 지중해의 따뜻한 바람이 불어 참으로 살기 좋은 땅이었다. 이곳에 정착한 블레셋 사람들은 지중해의 물고기와 땅이 주는 복을 그냥 놓을 리 만무하였다. 죽어도 그 땅을 내놓지 않겠다 의지가 확고하였다. 사울이 싸움을 할 때도 블레셋의 골리

---

[132] Victor H. Matthews, *Judges and Ruth* (Cambridge University Press, 2004), 136.
[133] Victor H. Matthews, *Judges and Ruth*, 136.
[134] 김홍전, 『사사기 소고 II』, 192.
[135] 김홍전, 『사사기 소고 II』, 193.

앗을 어찌지 못해 당황하는 모습을 보였다.

사람을 타락시키는 요인 중 하나는 여인을 잘못 선택해서 생기는 결과라고 하며 삼손을 예로 들어 삼손을 평가절하한다.[136] 그러나 한국의 목회자들이나 학자들이 보지 못하는 것이 있다. 그들은 삼손이 여성을 잘못 택해 죽음으로 간 것으로 오해하고 있다.

그렇다면 사사기 13:25과 14:1은 성경에서 없애 버려야 하는 것이 아닌가?

아니 또한 15:18-19은 없애버려야 하는 것이 아닌가?

김경섭 목사는 자신의 책에서 다음과 같이 말한다. 한 사회학자는 인생을 타락시키는 요인들을 다음과 같이 네 가지로 정의했다고 한다.[137]

첫째, 이성 관계에 의한 타락이다.

이성 관계에 미치면 정신이 하나도 없어진다. 이것 때문에 극단적인 살인 사건이 일어나기도 한다. 사사기 14장을 보면 삼손은 사랑해서는 안 될 이방 민족 블레셋 여인을 사랑했고, 부모의 간절한 애원도 뿌리치고 결혼했다. 그런데 삼손이 혼인 잔치를 벌이면서 블레셋의 젊은 청년들 30명을 모아 놓고 수수께끼를 냈다.

"너희가 이 수수께끼를 맞추면 내가 베옷 30벌과 겉옷 30벌을 주겠다. 그러나 만약 수수께끼를 풀지 못하면 너희가 나에게 이 베옷 30벌과

---

[136] 김경섭,『사사 열전』(서울: 프리셉트선교회 2009), 279-280; 이중수,『약점에도 불구하고 하나님께 쓰임받은 삼손』(서울: 부흥과개혁사, 2004), 69.

[137] 김경섭,『사사 열전』, 279.

겉옷 30벌을 줘야 할 것이다."

그러나 블레셋 청년들은 도무지 그 문제를 풀 수 없었다. 궁리 끝에 그들은 삼손의 아내를 붙잡고 협박했다. … 아스글론의 주민 30명이 죽게 되고 삼손은 아내를 빼앗기는 무서운 결과를 초래했다.

둘째, 사람을 미치게 하는 요소는 알코올이다.

진짜 술을 좋아하면 여자도, 가정도, 일도 눈에 보이지 않는다고 한다.

셋째, 마약이 사람을 미치게 만든다.

서방 국가들이 거대한 제국인 중국을 나눠 가질 때, 이용한 전략이 바로 마약이었다. 한국 사회에도 마약이 많이 들어와 있다는 것은 역사적 비극이 아닐 수 없다.

넷째, 도박만큼 사람을 완전히 파멸시키는 것도 없다.

저자의 말은 처음에는 여자로 사람을 파멸시키며, 술로 사람을 파멸시키며, 그리고 마약이 사람을 파멸시키며, 나중에는 도박이 사람을 파멸시킨다고 한다.[138]

그러나 삼손이 고의로 블레셋 여인을 찾아간 것이라면, 김경섭은 13:25과 14:1을 어떻게 설명할 것인가?

사사기 13:25에는 분명히 "소라와 에스다올 사이 마하네단에서 야훼 영이 그를 움직이기 시작하셨더라"라고 하며 14:1로 바로 이어진다.

---

[138] 김경섭, 『사사 열전』, 281.

삼손이 딤나에 내려가서 거기서 블레셋 사람의 딸들 중 한 여자를 보고 올라와서 자기 부모에게 말하여 이르되 내가 딤나에서 블레셋 사람의 딸 중에서 한 여자를 보았사오니 이제 그를 맞이하여서 내 아내로 삼게 하소서 (삿 14:1-2).

이 말의 중심에는 사사기 14:4의 뜻이 숨겨져 있다. 그의 서약보다는 "자궁에서부터" 좀 더 확실히 약속한 하나님의 결심 때문에 그녀의 결정이나 요구가 그를 만들었다. 그리고 하나님이 블레셋에 대항할 핑계를 만드셨다.[139] 그가 블레셋에 대항할 수단이라고는 블레셋 여자와의 결혼뿐이었다.

베키(Vickey)는 삼손과 블레셋 양쪽 둘 다 부분적으로 전투가 확대되는 것을 삼손과 부분적인 블레셋 전투 속에서, 골칫거리, 선동, 조우로 주석해 왔다.[140]

외국의 설교자들은 어떻는지 모르지만 한국의 수많은 설교자의 설교 내용이나, 학자들의 연구를 보면, 삼손의 죽음이 비참했을 거라고만 생각했지 그의 삶의 의미를 조금도 생각지 않았다.[141]

필자가 최근 재미있게 보는 드라마가 있는데, 바로 "허준"이다. 16세기의 조선의 모습을 나타내며, 조선의 혜민서의 의관들이 기생이 있는 술집에 가기로 약속한다.

---

[139] Victor H. Matthews, *Judges and Ruth* (Cambridge University Press, 2004), 136.
[140] Victor H. Matthews, *Judges and Ruth*, 136.
[141] 김경섭, 『사사 열전』, 280; 김서택, 『믿음의 영웅들』, 445-447; 옥성석, 『어처구니를 붙잡은 삼손』, 158-159.

삼손의 시대는 이보다 2,700년 전으로 보인다. 이때 여성의 지위는 말할 것도 없이 초라했을 것이다. 삼손은 분명히 아내를 둘, 셋씩 거느릴 수 있었을 것이다. 요즘 설교자들이 교회에 여 성도가 더 많으니까 눈치를 보는 것인지 아니면 무식해서 지금의 잣대로 삼손을 평가하는지 모르겠다.

반면, 남성들 지위는 상당히 높은 것 같은가?

유다 사람 3,000명이 내려왔지만, 블레셋 사람 1,000명과 싸우기를 거절한다. 그리고 도리어 삼손을 포박하여 블레셋 사람들에게 넘겨준다. 김서택 목사는 구약의 사람들에게는 잠깐, 잠깐 성령의 역사가 나타나곤 한다고 주장한다.[142] 하지만, 삼손이 머리를 길렀을 때는 언제나 성령(Holy Sprit)이 임해 있었다. 삼손의 머리카락은 힘의 상징이다. 이때 삼손이 유다 백성들을 몰살할 수도 있었지만, 삼손은 어린 양같이 조용히 포박당했다.[143] 그러나 그는 블레셋을 만나자 무서운 투사로 변해서 나실인이 만지면 안 될 사체인 나귀 턱 뼈로 싸웠다. 이것은 나실인의 상식을 깨버리는 순간이었다. 학자나 설교자들[144]이 문제의 핵심을 보지 못하고 삼손을 카사노바로 취급하는 데 문제가 있다.

여기서 다만 문제가 있다면, 유다 백성들의 태도이다. 유다 사람들은 블레셋과 싸울 용의가 없었다, 단지 그들의 안위만을 위하여 움직였

---

[142] 김서택, 『믿음의 영웅들』, 438.
[143] 김서택, 『믿음의 영웅들』, 437.
[144] 옥성석, 『어처구니를 붙잡은 삼손』, 158-159; 이형원, 『구약성서 개론』 (대전: 침례신학대학 출판부, 1998), 151. 이 책은 출판된 책이 아니라, 신학교 1학년들을 위한 인쇄물이다.

다. 이 또한 아이러니라 할 수 있다. 그들은 단지 자신만 위할 뿐이었지, 삼손을 도와 이스라엘을 구하려 하질 않았다. 그저 자신들의 안위를 걱정했다. 그들은 국가가 어떻게 되든 말든 자신의 영달을 구했다. 소위 자신의 행복주의라는 말이다.[145]

이들과 요즈음 유대인들과 비교를 해 보면 삼손 당시 유대인들의 삶을 감히 짐작해 볼 수 있을 것이다. 요즈음 유대의 랍비들은 일주일에 1번씩 금식을 한다. 주를 위해 십일조를 한다. 가난한 이웃들을 위해 십일조를 한다. 그들은 매번 제물을 드린다. 이와 비교했을 때, 삼손 당시의 유다 사람들은 삼손을 잡아 블레셋에 바침으로써 전쟁을 무마하려 했다. 이것을 볼 때, 삼손 당시의 유다 사람들이 얼마나 치졸하고, 배반적인 일들을 했는지 미루어 짐작해 볼 수 있다. 이것이 유다 사람의 아이러니이다.

3) 야훼와 삼손의 아이러니 (사 14-15장)

삼손이 여자한테 홀려서 그런 줄 아는 독자들은 선입견(Prejudice)을 품고 삼손 이야기를 읽는다.[146]

> 그 때에 블레셋 사람이 이스라엘을 다스린 까닭에 삼손이 틈을 타서 블레셋 사람을 치려 함이었으나 그의 부모는 이 일이 여호와께로부터 나온 것인 줄은 알지 못하였더라 (삿 14:4).

---

[145] 김홍전, 『사사기 소고 II』, 217.
[146] Victor H. Matthews, *Judges and Ruth* (Cambridge University Press, 2004), 143.

여기서 주요한 부분은 "삼손이 틈을 타서"라는 부분인데 원문으로 직역하자면 "그가 이 틈을 타서"이다.[147] 정확하게 번역하자면, "그가 틈을 타서"의 "그가"를 대부분 학자는 "야웨"로 이해하는 데 일치한다.[148] 그래서 NIV 성경에서는 "this from the LORD"로 나타난다.[149]

이 성경 구절에서 야훼의 아이러니가 나온다. 여기서 내포저자의 생각이 암시된다. 사사기 13장에는 분명히 나실인의 행동거지가 나온다. 포도밭 근처에도 가면 안 되고, 포도주와 독주를 말아야 하며, 주검을 만져서도 안 되고, 어떤 부정한 것도 먹으면 안 되며, 머리에 삭도를 대지 말아야 한다.

그런데 삼손은 딤나로 내려가는 길에 사자를 만난다. 그 사자를 죽여 주검을 만졌고, 그 사자에게서 난 꿀을 먹었다. 그리고 그 꿀을 부모에게도 주워 먹게 하였다.

> 네 형제들의 딸들 중에나 내 백성 중에 어찌 여자가 없어서 네가 할례 받지 아니한 블레셋 사람에게 가서 아내를 맞으려 하느냐 하니 삼손이 그의 아버지께 이르되 내가 그 여자를 좋아하오니 나를 위하여 그 여자를 데려 오소서 하니라(삿 14:2).

지금 생각으로는 자기가 좋아하는 사람과 결혼하는 게 바르다고

---

[147] 이찬수, 『이번만 나로 강하게 하사』 (서울: 도서출판 규장, 2018), 104.
[148] 이찬수, 『이번만 나로 강하게 하사』, 104.
[149] 이찬수, 『이번만 나로 강하게 하사』, 104.

여길지지 모르나, 과거 이스라엘의 사회에서는 이러한 결혼은 우리나라 양반의 처자와 상놈이 결혼하는 것만큼 파격적이었다. 반상의 도리를 구별 못 한 것이나 다름없다. 아이러니는 여기서도 나타난다.

야훼의 사자가 하지 말라는 것을 삼손이 하고 있다. 사사기 14장에서 삼손은 가지 말라는 포도밭을 갔다. 어린 사자를 죽여 주검을 만졌다. 그 몸에서 난 꿀을 먹었다. 이방 여인과 혼례를 치렀다. 이만하면 나실인으로 해서는 안 될 일을 했다. 이 모든 것이 야훼로부터 나왔다. 13:25에 야훼의 영이 그를 이끌었다. 이것이 삼손 이야기에서 나타나는 야훼와 삼손의 아이러니이다. 14:10-11을 보면 삼손은 블레셋 사람이 아니므로 들러리가 없었다.[150]

> 삼손이 아버지와 함께 여자에게로 내려가매 청년이 이렇게 행하는 풍속이 있음이더라. 무리가 내려와서 잔치를 배풀었으니, 친구로 삼아 그와 함께하게 한지라(삿 14:10-11).

가장 중요한 것은 삼손이 수수께끼를 낸 것이다.[151]
해설자(commentator)는 삼손이 마하넷에 있을 때 주의 영(루아흐 아도나이 레파아모)이 흔들었다고 말한다.[152]

---

[150] 김서택, 『믿음의 영웅들』, 439.
[151] 김서택, 『믿음의 영웅들』, 439.
[152] 전의영, "설화비평의 관점에서 본 삼손 이야기 연구," 110.

딤나 여인과 삼손의 연관은 몇 가지 질문을 가져온다.[153]

(1) 블레셋 여인에 연관

삼손의 연관은 블레셋 여인과 함께 그 자신의 육체적 욕망의 결과로 비춰진다.[154] 그는 딤나 여인을 보았고, 가자의 매춘부를 가져야 했다.[155]

(2) 여인의 유혹은 삼손으로부터 덫에 빠지게 했다

딤나 여인과 들릴라 둘 다는 삼손에게서 감춰진 정보를 얻고자 삼손을 유혹했는데, 그 정보는 삼손을 유혹하여 위험한 자리로 가게끔 악용됐다.[156]

(3) 영웅적 행동은 블레셋에게 탈출과 복수를 나타나게 했었다

비록 들릴라 이야기를 마지막 단계로 연기한다 할지라도 말이다.[157] 삼손이 이방 여인과 결혼한 것은 당시에 매우 파격적이었다. 이 모든 것이 야훼에게서 나왔다고 내포저자는 설명한다(삿 13:25).

야훼의 사자(Messager)가 하지 말라는 것을 삼손이 하고 있다. 이 모든 것이 야훼로부터 나왔다. 해설자는 삼손이 마하네단에 있을 때,

---

[153] Victor H. Matthews, *Judges and Ruth* (Cambridge University Press, 2004), 144.
[154] Victor H. Matthews, *Judges and Ruth*, 144.
[155] Victor H. Matthews, *Judges and Ruth*, 144.
[156] Victor H. Matthews, *Judges and Ruth*, 145.
[157] Victor H. Matthews, *Judges and Ruth*, 145.

주의 영(레파아모 루하흐 아도나이)이 그를 흔들었다고 말한다.[158]

엑섬(Exum)은 또 다른 논문에서 삼손을 떠났던 야훼의 영이 다시 삼손에게 임해 소원해진 관계를 회복시켜 준 것이 삼손 이야기의 희극적 요소를 그려낸다고 본다.[159] 구약 시대에는 주님의 성령이 한 사람에게 잠시 머물다 간 것으로 보지만 그것은 오산이다. 삼손이 이스라엘 사사로 있을 동안에 성령이 그를 떠난 적이 없다는 사실을 일깨워 주는 구절이 있다. 바로 사사기 13:5이다.

> 보라 네가 임신하여 아들을 낳으리니 그의 머리에 삭도를 대지 말라 이는 태에서 나옴으로부터 하나님께 바쳐진 나실인이 됨이라 그가 블레셋 사람의 손에서 이스라엘을 구원하기 시작하리라 하시니(삿 13:5).

이것은 삼손이 태어나면서 나실인이 된다는 야훼의 사자의 말 대로 삼손에게 평생 동안 야훼의 영이 임했다고 볼 수 있다. 삼손에게 주어진 성령이 영구적이 아니라는 설교자들이나 학자들이 많기는 하지만, 야훼의 영이 삼손의 평생을 따라다녔다. 삼손이 블레셋 기생의 집에 들어가서 새벽에 성벽 문을 옮긴 것만 봐도, 삼손이 "이방의 창녀 집에 간 것으로" 하나님은 그를 질책하지 않으셨다. 그리고 그의 힘을 빼앗지 않으셨다. 매튜스(Victor H. Matthews)의 글에도 그가 육체적 욕심에

---

[158] 전의영, "설화비평의 관점에서 본 삼손 이야기 연구," 110.
[159] 전의영, "설화비평의 관점에서 본 삼손 이야기 연구," 165; 김서택, 『믿음의 영웅들』, 440.

따라 딤나 여인이나 창녀의 집으로 갔다고 치부해 버린다.[160]

그러나 그가 그토록 블레셋 여인을 고집했던 이유는 블레셋에 장가가서 잘 먹고, 잘 살기 위해서가 아니라, 블레셋 여인들을 방패막이로 삼아 블레셋을 치려 함이었을 것이다. 그가 정당한 핑곗거리를 만들어 블레셋 사람을 흥분 상태로 만든 후에 그들이 난동을 부리게 해서 그들을 치려 하였다고 보는 게 올바르다.[161]

그렇지 아니하면 왜 삼손은 블레셋 여인들만 고집했을까?

삼손이 여성 편력을 가지고 있었다면 왜 이스라엘의 여성들을 두고 블레셋 여인들만 고집했을까?

블레셋 여인들만 고집했음은 사건이었음이 분명하다. 블레셋 사람들이 삼손을 해친다면 오히려 블레셋이 이스라엘의 결혼식을 망친 격이 되기 때문에 블레셋 사람들이 삼손의 트집을 잡을 수 없음이 분명하다.[162] 야훼는 분명히 이같이 삼손에게 대한 블레셋의 도전이 있음을 암시한다.

> 여호와의 영이 삼손에게 갑자기 임하시매 삼손이 아스글론에 내려가서 그 곳 사람 삼십 명을 쳐죽이고 노략하여 수수께끼 푼 자들에게 옷을 주고 심히 노하여 그의 아버지의 집으로 올라갔고 삼손의 아내는 삼손의 친구였던 그의 친구에게 준 바 되었더라(삿 14:19).

---

160 Victor H. Matthews, *Judges and Ruth*, 144.
161 김서택, 『믿음의 영웅들』, 419.
162 김서택, 『믿음의 영웅들』, 419.

야훼의 영이 삼손에게 임하였는데 아스글론 사람들을 쳐 죽인 바가 되었다. 이는 필시 내포저자가 의도했을 수 있다. 내포저자는 암시한다. 삼손이 블레셋 여인들과 끊으려야 끊을 수 없는 관계임을 암시한다(삿 14:19-20).

이찬수 목사의 글에는 사사기 16:1, "삼손이 가사에 가서 거기서 한 기생을 보고 그에게로 들어갔더니"라는 대목에서 한국 성경에는 기생은 좋은 표현이지 사실 '매춘부'(prostitute)라고 표현한다.[163] 여기서 나오는 첫마디인 "삼손이 가사에 가서"가 굉장히 중요한 구절이다. 여기서 "가사"라는 곳인데 블레셋의 최남단에 위치한 곳이다.[164] 여기서 보면, 그러니까 지도를 보면 가사는 맨 아래쪽에 있고 이스라엘 국경은 블레셋 북쪽에 위치해 있다. 지금 삼손이 가사에 갔다는 것은 블레셋을 관통했다는 것이다.[165] 앞으로 말하겠지만, 삼손이 나귀 턱뼈를 가지고 블레셋 사람 1,000명을 죽인 후에 오히려 블레셋을 통과하고 창녀의 집에 들어갔다는 것은 블레셋 사람들로 하여금 경각심을 일으키기에 충분했다.[166]

나실인의 규율에도 안 맞다. 삼손은 나실인의 규율을 어기고 사자의 사체를 만졌고, 가지 말라는 포도원을 지나갔으며, 블레셋 여인과 혼인했다. 이만하면 야훼 앞에서 나실인으로 해서는 안 되는 일을 했다.

---

[163] 이찬수, 『이번만 나로 강하게 하사』, 167.
[164] 이찬수, 『이번만 나로 강하게 하사』, 194.
[165] 이찬수, 『이번만 나로 강하게 하사』, 194.
[166] 이찬수, 『이번만 나로 강하게 하사』, 194.

하지만 야훼는 그의 행동에 아무런 질책도 않으셨다.

삼손은 만지지 말아야 할 나귀 턱뼈를 가지고 블레셋 사람 1,000명을 죽인 후 야훼께 기도까지 한다.

> 그가 말을 마치고 턱뼈를 자기 손에서 내던지며 그곳을 라맛-레히라 이름 하였더라. 삼손이 심히 목말라 여호와께 부르짖어 이르되 주께서 종의 손을 통하여 이 큰 구원을 베푸 셨사오나, 내가 이제 목말라 죽어서 할례 받지 못한 자들의 손에 떨어 지겠나이다하니 하나님이 레히의 한 우묵한 곳을 터트리시니 거기서 물이 솟아나오는 지라 삼손이 그것을 마시고 정신이 회복되어 소생하니 그러므로 그 샘 이름을 엔학고레 불렀으며 오늘까지 레히에 있더라(삿 15:17-19).

삼손은 이스라엘에 피해가 갈까 봐 일부러 블레셋 진영에 숨어 있었다. 그런데 이스라엘 사람 3,000명이 삼손을 잡으러 왔다.

이 얼마나 보기 민망하고, 죄스러운 일인가?

그러나 이번에도 삼손은 만지지 말아야 할 나귀 턱뼈를 사용하여 적들을 물리쳤다. 그뿐인가 삼손은 야훼께 기도까지 드렸다. 이에 하나님은 삼손의 기도를 들어 주셨다.

물론 일반 유대인들은 이방인과의 결혼도 가능했었다. 그리고 그들을 따라 우상숭배도 서슴지 않았다. 물론 여사제와 하룻밤 자는 것도 서슴지 않았다. 삼손의 일생을 돌아보면, 항상 그 뒤에는 블레셋 여인들이 있었고, 그녀들은 삼손이 블레셋을 치는 데 관련이 있었다. 분명 삼손은 블레셋을 치는 데 관심이 있었다. 그것도 가장 약한 여성을 통해서이다.

그렇다면 야훼는 왜 율법을 주셨으며 삼손이 이스라엘의 사사로서 그런 행위를 하게 둔 것일까?

이것이 야훼와 삼손의 아이러니이다.

4) 삼손과 블레셋 사이의 (性 관련) 아이러니

삼손은 두 번째 여인도 블레셋의 창녀이다(삿 14:19-20).

왜 하필 블레셋의 창녀였을까?

이 부분에서도 야훼와 삼손의 아이러니가 나타난다. 바로 앞장에서 "엔학고레"라는 단어로 감격을 표현했던 삼손이 사사기 16:1에서 행한 모습을 보라.[167]

> 가사의 사람들이 삼손을 죽이려고 밤새도록 조용히 하며 이르기를 새벽이 되거든 그를 죽이리라 하였더라(삿 16:2).

그러나 삼손은 그들의 의도를 잘 알고 있었다. 삼손이 밤중까지 누워 있다가 일어나서 성 문짝과 문설주와 문빗장을 빼서 그것을 모두 어깨에 메고 헤브론[168] 앞산 꼭대기로 갔다. 이 말을 다른 말로 하면 "너희

---

[167] 이찬수, 『이번만 나로 강하게 하사』, 167.
[168] 『새성경사전』 (서울: CLC, 2005), 2182. "헤브론"이란 "연합," "동맹," "친교"라는

들이 아무리 밤새 매복하고 있어도, 블레셋 사람들과 여인은 내 것이다"라는 말과 같다. 헤브론 앞산 꼭대기의 문은 여성을 의미한다고 볼 수 있다.

대체로 텔아비브와 욥바의 아래로 내려가서, 바닷가에 빠짝 있는 것은 아니지만, 쉐펠라(Shephlah)의 해변으로 점점 내려가서 있다.[169] 바다에 인접한 사람들이 있었고, 15-20km 안으로 들어 오면 살기 좋은 지역에 사람들이 살고 있었다.[170] 제일 남쪽에 있는 가자와 아스글론이 아마 블레셋 사람들의 제일가는 도시로 명성이 있었을 것이다.[171]

> 사사기는 지도자가 제멋대로 행하다가 그 민족이 종래에는 서로 죽이는 혼돈의 무법천지를 만드는 것을 보여 준다. … 삼손이 분명, 사사임에도 불구하고 그의 무분별한 행동에 결국은 본인과 그의 민족까지도 파경으로 치닫는 계기를 조성하게 된 것이다.[172]

삼손이 그 여자를 보자마자 생각해 볼 것도 없이 곧바로 부모가 있던 소라에 급하게 돌아가 그 여인을 "취하여"(take)라는 말을 사용하고 있는데, 이 용어는 일반적으로 성적인 관계를 나타낸다.[173] 그러나 삼손

뜻이 있다. 팔레스틴의 옛 성읍이다. 예루살렘의 남쪽 30km 떨어진 곳에 위치한다. 엘칼랄(el khaiil), 즉 "하나님의 친구"라는 뜻을 가지고 있다.

[169] 김홍전, 『사사기 소고 II』, 326.
[170] 김홍전, 『사사기 소고 II』, 326.
[171] 김홍전, 『사사기 소고 II』, 326.
[172] 전의영, "설화비평의 관점에서 본 삼손 이야기 연구," 112.
[173] 전의영, "설화비평의 관점에서 본 삼손 이야기 연구," 112.

은 사사임을 분명히 알았고, 야훼의 영에 이끌려 행동했다. 단순히 부모와 결혼 문제를 상의해서 데려오는 정도가 아니라, 이미 자신의 결정을 보고 하는 정도이며, 일방적인 태도를 엿볼 수 있다.[174]

이것은 야훼께서 개입하신 문제이기에 부모의 결정이 무시되었다. 아마 삼손은 자신의 너무 강한 힘만을 의지하여, 이스라엘의 도움을 무시한 것 같다. 자신 혼자서 이스라엘을 구원할 수 있다는 자신감으로 블레셋과 맞서려 했다는 것이 그의 패배 요인이 아닌가 싶다.

삼손은 이들 여성과의 관계 속에서 결코 어떤 교훈도 배우지 않는다.[175] 삼손은 여자들이 정보를 얻기 위해서 끊임없이 치근댈 때도 거기에서 어떤 교훈도 배우지 못하고 있다. 이것은 필자가 경험한 예인데 다음과 같다.

한 미국 여자가 필자가 혼자 산다는 것을 알고 접근해 왔다. 페이스북(Facebook)을 통해 접근해 왔다. 그녀는 자신을 미군이라고 소개했다. 3만 불(한화 약 3,600만 원)을 가지고 있으나 미국 정부에서는 개인이 소지하는 것이 불법이라며, 자신의 소지품에 넣어서 나에게 배달했으니 4,250불을 계산하라고 했다. 하지만 나에게는 그만한 돈이 없어 배달료를 거부했다. 다음에는 1,500불도 없냐고 하기에 그렇다고 했다. 그러자 그 여인은 소식을 끊었다. 그런데 중요한 것은 그것이 속임수였다는 것이다. 사기꾼임을 알면서도 그 여인의 계속되는 꼬드김에 완전히 내가 넘어갔던 것이다.

---

[174] 전의영, "설화비평의 관점에서 본 삼손 이야기 연구," 112.
[175] 전의영, "설화비평의 관점에서 본 삼손 이야기 연구," 158.

그때 필자의 수중에 돈이 있었다면 어떻게 되었을까?

지금도 생각하면, 심장이 뛴다. 만약에 필자의 수중에 돈이 있었다면, 그녀에게 돈을 보냈을 것이다. 아무리 생각해 봐도 잊지 못할 경험이다. 하지만 필자가 미국에 살았던 경험에 비추어 볼 때, 배달료는 많아도 30불 내외일 것이다. 그래서 그녀에게 당신이 한국에 와서 찾으면 될 것이 아니냐고 되물었더니 그날 이후 연락이 끊겼다.

이처럼 여성이 조르면 천하의 삼손도 무너질 수밖에 없었을 것이다.

> 날마다 그 말로 그를 재촉하여 조르매 삼손의 마음이 번뇌하여 죽을 지경이라(삿 16:16).

여인이 조르면 그의 마음이 번뇌하지 않을 수 있었겠는가?

아마도 이 여인들에 대한 삼손의 반응이 다르게 나타나는 것은 "삼손을 성가시게 하는 치근댐이 짜증 나서 딤나의 여인을 사랑하지 않았기 때문이다"라는 전의영 박사의 논문도 잘못되었다.[176] 삼손은 딤나 여인도 사랑하였다. 사사기 15:5에 나타나는 삼손의 행동이 너무나도 과격했기 때문이다. 그녀를 사랑하지 않았던 것은 아니다.

---

[176] 전의영, "설화비평의 관점에서 본 삼손 이야기 연구," 158.

5) 삼손과 야훼 그리고 블레셋의 아이러니

삼손하면 블레셋을 생각하지 않을 수 없고, 블레셋 하면 삼손을 지워 버릴 수 없다. 사람들은 국가를 생각할 때, 그 경제력으로 평가할 수밖에 없다. 경제력이 없는 나라는 멸망할 수밖에 없다. 삼손은 이와 중에 나라를 세우고 새로운 이스라엘을 혼자서 건립하려 했다. 아무리 뛰어난 사람이라도 주위의 환경이 그 사람을 이끌어 간다. 아무리 성도의 수가 적은 교회라도 지도자를 섬길 줄 아는 교회는 이미 반은 성공한 것이다. 반면, 아무리 큰 교회라고 해도 지도자를 따르지 않는 교회라면 승산이 없다.

삼손을 보면, 그가 홀로 고독했기에(the solist) 더욱더 블레셋 여인을 구했을지 모른다. 삼손이 카사노바(Casanova)나 여자를 주체 못해 타락의 길로 접어들었다는 편견을 가진 사람이 많다. 그러나 이것은 삼손의 진가를 모르는 것이다. 물론 이들은 몰지각한 이들에게 배워서 그렇다고 하지만 말이다. 예를 들자면, 많은 교회가 생각 없이 강대상 위에 책의 글을 소개하는데 옳지 않다. 좀 더 환각적인 것을 유도하면 불신자에게 효과가 있기도 한다. 그러나 검증되지도 않는 사람이 천국 갔다 왔다는 소식을 전한다.

냉장고 속에 3일 동안 죽어서 천국 갔다 왔다는 테이프 간증을 통해 필자도 '하나님이 살아 계시구나!'라는 믿음을 가졌을 때가 있었다. 하지만 이제는 이 땅 위에 "거짓 선지자"가 설 수 없게 만들고 싶다. 책 제목은 『구순연 집사가 본 천국과 지옥』에 다음과 같은 내용이 있다.

거대한 삼손을 만나다.

내가 천사와 걷고 있는데 저쪽에서 금 면류관을 쓰고 옷은 세마포에 허리에는 칼을, 황금샌들을 신은 마치 장군 같은 사람이 오고 있었다. 나는 천사에게 물었다.

"누구시지요?"

"삼손이다."

그의 눈은 예리하고 얼굴은 광채가 났으며 늠름한 모습은 마치 장군의 모습이었다. 그의 칼집에는 포도나무 그림이 그려져 있었다. 삼손은 내게 말했다.

"낙원에 방문한 것을 환영한다."

"성경에 인물들을 이렇게 만나게 된다니 참으로 기쁩니다."

그는 웃으면서,

"그래."

나는 그때 이 생각이 떠올라서 질문했다.

"그런데 왜 삼손께서는 들릴라의 꾐에 빠졌습니까?"

들릴라가 삼손에게 자기 무릎을 베고 자게 하고 사람을 불러 삼손의 머리털 일곱 까닭을 밀고 괴롭게 하여 본즉 그의 힘이 없어졌더라 (삿 16:19).

그때 삼손은 부끄러운 듯 손으로 머리를 긁으며 이렇게 말했다.

"주님 앞에 너무 죄송하고 지금 후회를 한다. 내가 마지막에 나의 잘못을 뉘우치고 진정으로 회개할 때, 하나님께서 나에게 마지막으로 강한 힘을 주셨단다. 그래서 적을 물리칠 수 있었지."

삼손이 여호와께 부르짖어 이르되 주 여호와여 구하옵나니 이번만 나를 생각하옵소서 이번만 나를 강하게 하사, 나의 두 눈을 뺀 블레셋 사람으로 원수를 단번에 갚게 하옵소서 하고(삿 16:29).

"아, 그래요."
"내가 이 하늘나라에 왔을 때 중요한 임무를 맡기셨단다. 그리고 내가 네게 당부하고 싶은 것은 나같이 곁길로 가지 말고 끝까지 주님만을 바라보고 따르다가 이다음에 다시 만났으면 좋겠구나."[177]

성경에는 단 한 번도 삼손이 부끄러운 구원을 받았다는 기록이 없다. 그런데 무엇을 근거로 삼손이 부끄러운 구원을 받았다고 이야기하는가?
조직신학이 잘못 가르쳐서 그렇다. 삼손은 절대 타락한 지도자가 아니다. 사람들이 지금의 잣대로 그를 재어보기 때문이다. 삼손은 자신이 처한 상황에서 최선을 다했을 뿐이다. 삼손은 그 시대에 맞게 행동했을 뿐이다. 21세기의 잣대를 들이대는 것은 금물이다. 그렇다면 『구순연 집사가 본 천국과 지옥』에서 삼손이 머리를 긁으며 부끄러운 구원을 받았다는 것은 어불성설이다.

---

[177] 구순연, 『구순연 집사가 본 천국과 지옥』 (서울: 책나무출판사, 2004), 56-57.

보통 한국 교인이 삼손하면 나쁜 이미지(image)를 떠올린다. 그것도 그럴 것이 목사들이 삼손에 대해 나쁘게 설교했기 때문이다. 즉 삼손은 카사노바에다 방탕한 생활을 했다고 설교했다.

첫째, 삼손은 블레셋 여인을 통해 블레셋을 치려 하였다.

그렇지 않고서야 어찌 블레셋 여인만 고집했을까?

둘째, 이스라엘의 방탕을 꼬집는 것이다.

보통 사람들은 블레셋의 신을 섬기며, 이방 여자들을 탐했다. 성적으로 문란해지면 그 다음은 식은 죽 먹기다. 성적으로 타락했다는 것은 직접 성경에 나타나지는 않지만, BC 1200년에 출토된 것으로는 우상 장난감, 철기로 제작된 독, 무기, 우상 인형 등이 있다.[178] 우리는 역사적 배경이 분명하다면 이러한 해설자들을 지금 보아야 한다.[179] 사사시대는 이스라엘의 정치적, 종교적 타락상을 보여 준다.[180]

그는 비-이스라엘이며 주변국인 블레셋을 통해 이스라엘을 심판하려 한다. 우상숭배와 동반하는 행동들을 심판하기 위해 블레셋을 사용하였다.[181]

여기서 동반하는 행동들이 무엇인가?

이방 여제와 하룻밤 자고 나면 제사는 지내졌다.

---

[178] Leslie C. Allen, and others, *Old Testament Survey*, Second Edition (Unite States of America 19961), 157.
[179] J. Alberto Soggin, *Judges: A Commentary*, The Old Testament Library, 231.
[180] David A. Dorsey, 『구약의 문학적 구조』, 155.
[181] Leslie C. Allen, and others, *Old Testament Survey*, Second Edition (Unite States of America, 1996), 164.

그러니 얼마나 편리하고, 좋았겠는가?

정치적 진공상태는 오랜 기간 이집트와 히타이트 족속 간에 싸우는 결과를 가져왔다. 삼손의 시대는 역사적으로 사무엘상 1-2장, 그리고 열왕기상 1-11장의 포괄적인 변화 정치적, 사회적, 종교적 생활을 나타나게 묘사한다.[182] 그가 성장할수록 그의 백성들은 그를 구원자로 여겨 그를 높이 올리고, 그들이 참을 수 있을 만큼 영적 힘도 생겼다. 그들이 그렇게 함으로써, 그 땅에 한 번 더 평화를 찾을 수 있었고 그들의 적을 극복할 수 있었다.[183]

6) 삼손과 블레셋 야훼의 아이러니 유비

삼손이 소라와 에스다올에서 야훼의 영에 붙잡혀 제일 먼저 한 일이 무엇이었나?

그것은 결혼을 통해 블레셋을 치려함이었다(삿 14:20; 15:3).

> 삼손의 아내는 삼손의 친구 되었던 그 동무에게 준 바 되었더라 … 삼손이 그들에게 이르되 이번은 내가 블레셋 사람을 해할지라도 그들에게 대하여 내게 허물이 없을 것이니라(삿 14:20; 15:3).

삼손은 카사노바가 아니다. 만약 그가 카사노바였다면 단 지역의

---

[182] Leslie C. Allen, and others, *Old Testament Survey*, Second Edition, 165.
[183] Leslie C. Allen, and others, *Old Testament Survey*, Second Edition, 164.

여자나 이스라엘 여자를 취했을지 모른다. 첫째 부인에게서 좋은 구실을 찾았다. 이는 삼손의 장인이 삼손의 아내를 다른 남자에게 줬다는 구실이다. 삼손과 블레셋의 아이러니는 삼손이 장가든 민족이 블레셋 여인이고, 이스라엘 사사로는 해서는 안 되는 일이었다. 이것이 또한 아이러니이다.

이에 삼손은 자칼 30마리를 붙들어 블레셋이 밀 거둘 시기에 꼬리에 꼬리를 묶어 그 꼬리에 불을 붙여서 밀밭을 모두 태워 버렸다. 그리고는 에담 바위틈에 숨었다. 블레셋 사람 1,000명이 올라와서 삼손을 내놓으라고 윽박질렀다. 유다 사람 3,000명이 삼손을 묶어 블레셋에 바치려 할 때, 삼손이 소리 지르며 블레셋을 다 죽였다. 그리고 그는 거기서 기도했다. 삼손이 목이 말라 죽을 것 같았는지 기도했고, 하나님은 그의 기도를 들어주셨다. 그래서 그곳을 "엔학고레"[184]라고 이름까지 붙였다. 그리고, 나서 바로 삼손은 블레셋을 통과하여 가자로 갔다. 창녀를 보자마자 아무런 망설임 없이 그녀에게로 들어갔다.

크렌쇼(Crenshaw)가 삼손이 힘을 잃은 것은 창녀의 집에 가서도 아니고, 이방 여인과 결혼해서도 아니라고 본다.[185] 야훼는 그의 도덕적 문제나 행동들을 문제 삼지 않고, 제의적 순결성만을 문제 삼는다.[186] 사람을 죽이거나 창녀에게 들어가거나 해도 야훼는 삼손을 떠나시지 않았다.

---

[184] '부르짖는 자의 샘'이란 뜻이다.
[185] James L. Crenshaw, *Samson, a Secret Betrayed, a Vow Ignored* (Atilnata: John Knox Press, 1978), 132.
[186] James L. Crenshaw, *Samson, a Secret Betrayed, a Vow Ignored* , 133.

즉, 삼손이 사람들을 죽이거나 창녀와의 관계해도 그것을 문제 삼지 않으신다.[187] 도덕적인 문제가 아니라 제의적인 문제나, 종교적인 문제와 관련된 것이다.[188] 이것 또한 아이러니라 할 수 있다. 해설자에 의해 사용된 아이러니는 가자에서 일어난 일이었다(삿 16:21).

가자는 삼손이 전에 성 문짝을 옮겼던 바로 그 마을(삿 16:3)이다.[189] 그 마을에서 맷돌을 돌리는 수치를 당했다.

문이 없는 도시에서 눈이 먼 죄수라니!

여기서 해설자는 블레셋의 궁극적인 죽음과 블레셋의 신은 거짓 신이라는 것, 그리고 삼손을 가져다 놓을 수 있는 분을 보여 준다.[190] 따라서 청중과 독자들은 깊은 생각과 경이로움 가운데, 삼손은 야훼와의 약속이 성취됨을 느낀다. 야훼의 계획 속에는 삼손의 타락이 있음을 알아야 한다.

> 들릴라가 이르되 삼손이여 블레셋 사람이 당신에게 들이닥쳤느니라 하니 삼손이 잠을 깨며 이르기를 내가 전과 같이 나가서 몸을 떨치리라 하였으나 여호와께서 자기를 떠나신 줄을 깨닫지 못하였더라(삿 16:20).

---

[187] 전의영, "설화비평의 관점에서 본 삼손 이야기 연구," 156.
[188] 전의영, "설화비평의 관점에서 본 삼손 이야기 연구," 156.
[189] James L. Crenshaw, *Samson Saga: filial devotion or erotic attachment*, ZAW 102, 501
[190] 전의영, "설화비평의 관점에서 본 삼손 이야기 연구," 156.

유비는 사사기 13:25과 16:2, 4에서 나타난다. 삼손은 여전히 블레셋 여인을 사랑하였다. 그렇다고 그가 나실인의 신분을 망각하거나, 잊어버렸다고 생각하는 것은 잘못된 생각이다. 필자는 삼손이 처음부터, 블레셋 여인을 취하는 데 동의한다. 그리고 계속해서 블레셋 여인만을 고집한 삼손이 옳다고 본다. 전의영 박사, 소긴(Soggin), 골페즈 펠러(Pnina Galpaz-Feller)는 삼손이 이들 여성과의 관계 속에서 결코 어떤 교훈도 배우지 않았다고 주장하는 것은 옳지 않다.[191]

이것이 삼손 이야기에서 나타나는 유비인 것이다. 삼손이 배운 교훈은 야훼께서 정말로 삼손을 떠났다는 것과 삼손이 하나님의 지원을 잃어버렸다는 현실을 직시할 때 겸손하게 된 것이다.[192] 해설자(Narrator)는 그 상황에서 자기가 해야 할 중요한 지적(Comment)을 잊지 않고, 지적한다. 즉, 삼손의 머리카락이 다시 자라났다는 것이다. 이점이 가장 중요한 대목이다(삿 16:22).

이때 삼손은 자신을 생각하며, 이스라엘과 야훼를 생각하였을 것이다. 삼손이 원수로부터 괴로움을 당했지만[193] 결코 야훼와 이스라엘을 저버리지 않았다. 가스터(Gaster)는 삼손을 "탕아, 허풍선이, 혜세 부리는 자, 고독한 영웅, 잘못된 투사"로 생각하지만,[194] 삼손은 그렇지

---

[191] 전의영, "설화비평의 관점에서 본 삼손 이야기 연구," 156; Pnina Gapaz-feller, *Samson: The Hero and the Man* (Peter Lang ben· berlin· bruxella·Frankfurt am Main-New York·Oxford·Wien), 178-179; J. Alberto Soggin, *Judges: A Commentary*, The Old Testament Library, 247-248.
[192] 전의영, "설화비평의 관점에서 본 삼손 이야기 연구," 158.
[193] 두 눈이 뽑힌 채로 맷돌을 돌리고 블레셋 사람들이 재주를 부리게 했다.
[194] T. H. Gaster, *Myth, Legend, and Custom in the Old Testament* (London: Gerald Duckworth, 1963), 433.

않다. 그는 자신을 불 살라 고독(Solist)하게 살았다. 그는 이스라엘의 도움도 경험하지 못했을 뿐만 아니라 블레셋과도 혼자 싸웠던 위대한 이스라엘의 전사였다.

블레셋 사람은 그들의 신 다곤을 위한 축제를 벌였다. 그러나 그것은 죽음의 축제였다. 블레셋 사람들의 흥이 났을 때, 이들은 삼손을 끌어내 재주를 피우게 하였다. 그야말로 적절한 시기였다.

> 그의 머리털이 밀린 후에 다시 자라나기 시작하니라(삿 16:22).

> 그 집에 남녀가 가득하니 블레셋 방백들이 거기에 있고 지붕에 있는 남녀도 삼천 명가량이라 다 삼손이 재주부리는 것을 보더라(삿 16:27).

이 당시 눈이 먼 사람의 재주라야 그 사람 앞에 장애물을 놓고 잔인하게 고문하는 것이었을 것이다.[195] 여기서 방백이란 왕을 뜻할 수도 있다. 삼손은 자신을 바라보며(saw) 자신들의 신의 위대함을 찬양하는 군중들이 있는 곳에 서있다.[196]

아이러니하게도 그들의 즐거움이 죽음이 임박한 상황에서 일시적인 것으로 보일(see) 것이다. 때때로 청자나 독자는 이미 간파했을 것이다.[197] 삼손은 앞을 볼 수 없을 때, 최고의 위업을 성취하게 된다. 삼손

---

[195] John, H. Walton, and Others, 『IVP 구약 성경주석』(서울: 한국기독학생회 2001), 383.
[196] 전의영, "설화비평의 관점에서 본 삼손 이야기 연구" 62.
[197] 전의영, "설화비평의 관점에서 본 삼손 이야기 연구," 162.

은 이것을 처음부터 야훼의 계획 일부였을 것이라고 생각 못 했을 수도 있다.[198] 야훼의 자기 백성을 위한 목적은 블레셋을 정복당하는 것으로서, 가까운 미래에 성취될 야훼의 계획이었을지 모른다.[199] 이에 대해 생각해 보면, 참으로 야훼의 계획이었다. 이방 신에 관한 야훼의 특별함을 나타내는 것이다. 이방의 신 다곤 앞에서 블레셋 사람들을 죽이는 결과를 나타냈다. 그것도 그렇듯이 삼손이 살아 있을 때보다 죽을 때 더 많은 블레셋 방백들[200]과 백성들을 죽였으니 말이다.

> 삼손이 이르되 블레셋 사람과 함께 죽기를 원하노라 하고 힘을 다하여 몸을 굽히매 그 집이 무너져 그 안에 있던 모든 방백과 온 백성에게 덮이니 삼손이 죽을 때에 죽인 자가 살았을 때 죽인 자보다 더욱 많았더라(삿 16:30).

독자들과 청자들은 모든 것을 야훼께서 주관하신다는 것을 알고 있다.[201] 사실은 미리 준비되고 계획됐다는 것을 알고 있다.

블레셋 사람들은 다곤 신의 승리를 확신하고 기고만장하여 축제

---

198 R. Alter, "Samson Without Folklore," S. Niditch (ed.), *Text and Tradition. The Hebrew Bible and Folklore* (SemeiaSt; Atlanta: Scholars Press, 1990), 52; 전의영, "설화비평의 관점에서 본 삼손 이야기 연구," 162.
199 Commander or Governor 구약성경에 있어서, 왕, 귀인, 족장 등의 의미로 주로 높은 사람들의 직명으로 쓰인다. dlEoo에 유다의 개념에 총독이란 의미가 없었음으로 총독의 칭호는 임의로 빼버렸다. 『새성경사전』, 801.
200 전의영, "설화비평의 관점에서 본 삼손 이야기 연구," 162.
201 전의영, "설화비평의 관점에서 본 삼손 이야기 연구," 162.

를 시작했다. 여기서 아이러니가 나타난다.²⁰² 아이러니 또한 해설자(Narrator)가 그의 이야기(his story)를 전개해 나가기 위하여 사용한 또 다른(Another) 도구로 등장하는 것이다.²⁰³ 블레셋이 그들의 의식을 치르며 삼손을 잡고, 그 삼손을 웃음거리가 되게 하였는데, 삼손은 야훼께서 그들을 멸망시키기 위해 이 같은 사실을 허락했다는 것을 알지 못했다.²⁰⁴ 블레셋은 삼손이 잡혔기에 다곤이 대단한 힘을 가졌다고 생각했다. 블레셋의 승리에도 불구하고 다곤의 응답은 없었다.²⁰⁵

블레셋과 삼손과 야훼의 유비도 크게 다른 바가 없다. 야훼 하나님도 삼손이 블레셋 여인을 찾는 것을 지지하셨고, 삼손은 블레셋 여인을 좋아했다. 삼손은 집에 있는 딤나 여인뿐만아니라 가사의 매춘부, 또는 매춘부 들릴라를 사랑했다. 이 세 여자의 공통점은 전부 블레셋 여인이었다는 것이다. 블레셋 사람들은 다곤을 숭배하며, 자신들의 죽음을 생각하지 못하였다. 그들은 자신들을 멸망시키기 위해 다곤 신전 앞으로 모이도록 한 야훼의 계획을 알지 못했다. 겉으로 보기에는 그들의 손으로 삼손을 잡았다고, 다곤이 굉장한 힘을 가졌다고 생각했을 것이다(삿16:24) 블레셋의 승리 노래에도 불구하고 다곤으로부터 응답은 없었다.²⁰⁶ 심지어 블레셋의 사람들이 다곤은 전능하다고 믿었는데 말

---

202 전의영, "설화비평의 관점에서 본 삼손 이야기 연구," 162.
203 전의영, "설화비평의 관점에서 본 삼손 이야기 연구," 162-163.
204 Barry G. Webb, "A Serious Reading of the Samson Story (Judges 13-16)," *Reformed Theological Review* 54, 117.
205 전의영, "설화비평의 관점에서 본 삼손 이야기 연구," 163.
206 J. C. Exum, "Theological dimension of Samson Saga," *VT* 33/1, 1998, 40.

이다.[207] 그 명백한 블레셋의 승리는 실제의 승리로 예리한 대조를 보여 준다.[208] 이 또한 유비를 보여 준다.

삼손의 마지막이 육체적이라기보다는, 신학적 존재로서 파괴 행위 속에 나타난 아이러니를 보여 주는 것이라 할 수 있다.[209] 신전의 완전한 파괴 속에서 다곤 신과 그 사람들(블레셋 사람들)은 파괴되었을 것이다. 그러나 청중이나 독자는 이미 알고 있다. 따라서 블레셋의 승리 노래는 죽음의 노래가 된다.[210] 이 또한 아이러니이며 역설(paredox)이다. 그 정확한 내용을 찾지도 못하고, 성경 분야에서만 연구됐다.[211]

일반 문학에서는 기껏해야 헤라클레스(Heracles)의 영웅담을 논하고 있다. 문단비평에서 가장 중요한 한 가지는 "독자가 누구인가?" 하는 문제이다. 수사비평(rhetorical criticism)은 어떤 작품이 처음에 전해진 원 독자들(때로는 의도된 독자들[intended reader]로 불린다)에게 관심이 있다.[212] 구조주의(Structuralism)는 작품의 코드를 이해하는 데 맨 처음 독자가 누구이며(who is reader?) 어떻게 살아 왔나를 조명하지만, 하나님의 일을 보지 못했다.

---

207 전의영, "설화비평의 관점에서 본 삼손 이야기 연구," 163.
208 J. C. Exum, "Theological dimension of Samson Saga," *VT* 33/1, 1998, 40; David M. Gunn, "Samson of Sorrows: An Isaianic Gloss on Judges 13-1" in D. N. Fewell (ed.), *Reading Between Texts: Intertextuality and the Hebrew Bible* (LouisvilleKy: Wesminser/John knox 1987), 166.
209 전의영, "설화비평의 관점에서 본 삼손 이야기 연구," 163.
210 Mark A. Powell, *What is Narrative Criticism* (Minneaapoliis Fortress Press, 1990), 19.
211 Mark A. Powell, *What is Narrative Criticism?*, 19.
212 Mark A. Powell,"*What is Narrative Criticism?*, 19.

서사비평의 학자들은 그 자체적인 동등한 시각으로 바라보았다.[213] 사람들은 삼손을 오해하였다. 그를 망나니, 카사노바로 만들었다. 그의 부정적인 모습만 바라보았다. 필자가 이 논지를 택한 것도 같은 이유에서 택한 것같다. 비록 사람들에게 욕을 먹을지라도 삼손은 그의 백성들을 진정 사랑한 영웅이었다. 그의 백성들이 그를 잡으러 에담 굴속에 숨어 있을 때도, 그는 자기 백성들을 한 번도 나무라지 않았다. 오히려 그들에게 사랑의 손을 내밀었다(삿 15:12).

삼손이 백성을 긍휼히 여기는 마음이 없었다면, 이스라엘 백성들을 도륙하고 유다의 왕이 되었을 것이다. 그러나 삼손은 이스라엘 백성들을 용서하고 그의 때를 기다렸다. 진정한 지도자의 모습이 나타난다. 이것을 통해 삼손은 조국을 사랑하였고, 이스라엘은 얼마나 썩었는지 알 수 있다.

---

[213] Mark A. Powell, *What is Narrative Criticism?*, 19.

제5장

결론

　사람은 태어나면 언젠간 반드시 죽는다 그러나 어떻게 죽는가는 그 사람의 운명과 관련이 있다. 삼손은 자기에게 주어진 운명을 다하고 죽었다.

　블레셋 사람의 방백들이 이르되 우리의 신이 우리의 원수, 삼손을 잡아 우리에게 넘겨주었다 하고 다 모여 그들의 신 다곤에게 큰 제사를 드리고 즐거워하고(삿 16:23).

여기서 방백들이란 블레셋의 다섯 부족의 왕이었다. 삼손은 카사노바가 아니었다.
　그렇다면 삼손은 왜 이스라엘의 처녀들은 그냥 두고 왜 하필 블레셋 여인만 고집했을까?
　아니, 삼손 자신을 속이는 과정에서도 알 수 있었을 것이었다. 바로 그 때를 대비해서 준비하고 있었을지 모른다. 계속해서 여성들이 나오는데 첫째 아내만 빼고 모두 다 몸을 파는 기생이었다.

삼손은 블레셋의 기생들이 돈에 약한 줄 알았다. 그 기생들이 삼손의 약점을 파헤치게 놔둔 상황이 되었다.

그리고 사사기 16:20에서 삼손은 머리털이 밀리고 난 후에, 두 눈이 뽑히고 옥에서 맷돌을 돌리는 신세가 되었다. 그러나 그의 머리털이 다시 자라기 시작했다는 것은 상징적으로 하나님이 그와 함께하신다는 의미로 볼 수 있을 것이다.

삼손은 블레셋 여인과 결혼하고, 블레셋 여인(창녀)과 동침하며, 결국에는 들릴라와 사랑에 빠진다. 삼손이 정말 카사노바였다면, 이스라엘의 여인들은 가만히 두었을 리 없다. 삼손은 진정한 의미에서 블레셋과 싸우기 위해 3명의 블레셋 여인을 탐했을 것이다. 이런 의미에서 삼손이 야훼의 도구가 되었다. 그리고 삼손의 머리카락이 다시 자라나기 시작했을 때, 야훼의 계획이 실천되기를 시작되었음을 알린다.

블레셋 사람들은 그들의 신을 찬양하기 시작했다. 바로 곡식의 신인 다곤 신이었다.

> 블레셋 사람의 방백[1]이 가로되 우리의 신이 우리원수 삼손을 우리 손에 붙였다 하고 다 모여 그 신 다곤에게 제사를 드리고 즐거워하고 (삿 16:23).

---

1 여기서 블레셋 방백이라 함은 블레셋 다섯 국가의 왕으로 해석해도 무방하다.

이때, 수수께끼의 의미가 드러나는 순간이다. 블레셋 사원에 버림받은 삼손을 가져다 놓은 것은 분명한 전략이다.

전의영 박사은 삼손을 믿음이 교만한 자로 묘사하고,[2] 삼손이 세 명의 여성과 관계하였으므로 그를 바탕아, 허풍선이, 허세를 부리는 자로 묘사한다.[3] 그러나 필자가 볼 때, 삼손은 방탕아, 허풍선이, 허세를 부리는 자와는 거리가 멀다. 청중이나 독자는 삼손 이야기 속에서 나타나는 일련의 사건들의 전개가 결국 삼손이 야훼의 도구로 쓰임받는 데 부족함이 없음을 나타낸다는 것을 볼 수 있다.[4] 야훼께서 삼손의 어떠한 도덕적 허물을 묻지 않으시고, 그의 나실인의 상징인 머리카락이 깎인 것에만 집중하셨다. 그러나 깎인 머리카락은 다시 자라날 수 있었다.

그의 머리털이 밀리운 후에 다시 자라기 시작 하니라(삿 16:22).

야훼는 준비하고 계셨다. 삼손이 그의 본분을 다할 수 있도록 말이다. 블레셋 사람들은 축제를 벌이고, 블레셋 사람의 방백들[5]은 기뻐하고 다곤 신에게 제사를 올렸다. 잠시 뒤 일어날 아이러니를 깨닫지 못하고 말이다.

블레셋의 숭배 잔치가 한창일 때, 삼손을 불러내어 재주를 부리게

---

2 전의영, "설화비평의 관점에서 본 삼손 이야기 연구," 159.
3 전의영, "설화비평의 관점에서 본 삼손 이야기 연구," 159.
4 전의영, "설화비평의 관점에서 본 삼손 이야기 연구," 160.
5 블레셋의 다섯 왕을 뜻한다.

하였다. 사람들은 블레셋 사원에 무명하게 버림받은 삼손을 갖다 놓은 것은 야훼의 전략이다. 그리고 삼손에게 그와 같이 처사한 것은 그 우상[6]을 이겨내기 위한 것이었다. 그래서 블레셋은 어리석었고 야훼를 선택한 삼손은 지혜로웠다. 고대 근동에서는 각각의 나라에 신들이 있었는데, 전쟁에서 승리하는 것은, 신들끼리의 경쟁에서, 승리하는 것으로 이해되었다.[7] 필자는 삼손이 도덕적 행동에 위배된다 하더라도 야훼의 큰 뜻에 일조했으리라고 본다. 삼손이 눈이 뽑혀 맷돌을 돌리고 있을 때도 야훼를 생각했을 것이다.

그런데 사사기 16:31에 보면 삼손이 이스라엘 사사로 20년을 지내었다는 말로 끝나고 있다.

그런데 들릴라와 사귄 기간이 20년 정도 되었을까?

들릴라와 사귀고 1년쯤이면 삼손의 말년을 생각할 때, 결혼식 사건 이후에 20년이 흘렀다는 이야기가 된다. 20년 동안 이스라엘이 태평성대를 이루었다는 말이 된다.[8] 삼손이 사사로 다스린 기간을 보면 문제는 블레셋 여자, 블레셋의 창녀, 여자 들릴라는 점을 지적할 수 있다. 그 가운데 20년을 집어 넣어 보자.

삼손이 다스리는 동안 아무 문제 없이 이스라엘이 잘 되어 갔다는 이야기가 된다.[9] 20년간 평화를 가져다 준 삼손, 가사의 성 문짝을 뜯

---

[6] 다곤 신.
[7] 전의영, "설화비평의 관점에서 본 삼손 이야기 연구," 161.
[8] 김원광, 『이스라엘 민족의 영웅 삼손』 (인천: 도서출판 바울), 144.
[9] 김원광, 『이스라엘 민족의 영웅 삼손』, 144-145.

어내기 위해 가사 지역을 순시했던[10] 삼손이 블레셋 사람들이 자기를 암살하려고 하자 성 문짝을 떼서 자기의 힘을 과시했다.[11]

우리말에 독불장군은 없다. 아무리 뛰어난 정치인이라도 그를 도와줄 사람이 있어야 한다. 동서고금을 막론하고 그를 떠받쳐 줄 사람이 있어야 한다. 드라마 "허준"에서 주인공 허준에게 있어서도 천영태라는 그를 지켜준 자가 있다. 아무리 용장이라 해도 그를 추종하는 세력이 없을 때는 밀리고 만다. 사무엘상 21:5에는 "거룩한 떡"은 제사장들만 먹을 수 있으므로, 다윗은 제사장들이 그에게 떡을 주기 전에는 자신의 소년들이 의식상 정결하다는 것을 맹세해야 했다.[12] 이처럼 다윗을 따르는 장수들이 있었다. 월경을 하는 여자와 접촉하거나 성교를 하는 것은 남자가 부정하게 되는 것이다.[13]

그러나 3천 명의 남자와 여자가 죽음으로써 극명하게 드러나고 있는 다곤 신전의 파괴는 삼손이 살았을 때보다 더 많은 블레셋의 왕과 왕후를 죽였다는 의미가 된다. 삼손 이야기의 보는 관점에 따라, 삼손 이야기가 보여 주는 아이러니 일부라고 본다.[14] 삼손을 다곤 신에게 넘겨 준 것은 태어나면서부터 그의 죽음이 결정되었기 때문이다.

---

10 옛날 임금들의 지역 탐방 혹은 순찰.
11 김원광, 『이스라엘 민족의 영웅 삼손』(인천: 도서출판 바울), 148.
12 John H. Walton (ed.), *Bible Background Commentary* (InterVarsity Press), 443.
13 John H. Walton (ed.), *Bible Background Commentary*, 443.
14 Stanislav Segert, "Paronomasia in the Samson Narrative in Judges 13-16," *Vetus Tastamentum* 34 (1984): 459.

백성들도 삼손을 보았으므로 가로되 우리 토지를 헐고 우리 많은 사람을 죽인 원수를 우리의 신이 우리 속에 붙였다 하고 자기 신을 찬송하며(삿 16:24).

'보는 것'의 최종적인 의미는 아이러니하게도 비극 위에 나타난다. 거기에서 삼손을 바라보는 많은 방백과 군중들은 그들의 신의 위대함을 보는 곳에 서 있다.[15] 삼손이 더 이상 육체적으로 볼 수 없을 때, 야훼께서 간섭하신다. 이것은 처음부터 야훼께서 삼손을 향해 계획하신 것이다(삿 13:5).[16] 야훼의 계획은 삼손이라는 인물을 통해 블레셋을 향해 야훼 자신이 진짜 신임을 나타내시는 것이다.

블레셋과 같이 이방 신들을 벌하고 계신다. 블레셋 사람들을 한 명이라도 더 물리치려 했던 사람 삼손. 그의 뒤안길은 많은 목사와 신학자들에게 경종을 울린다. 기도에는 제사가 종종 수반되었다.[17] 제사장은 적절한 기도문을 암송하고 보수를 받았을 것이다.[18]

한나는 혼자 기도하다 제사장으로부터 호의적인 축복을 받고 기뻐하고, 그녀는 그러한 축복을 받았다고 생각했다.[19] 메소포타미아의 선지자들은 기도하는 여자들을 위해 점을 쳐서 징조들을 해석했다.[20] 구약에는

---

[15] 전의영, "설화비평의 관점에서 본 삼손 이야기 연구," 162.
[16] R. Alter, "Samson Without Folklore," S. Niditch (ed.), *Text and Tradition. The Hebrew Bible and Folklore*, 52.
[17] John H. Walton (ed.), *Bible Background Commentary*, 401.
[18] John H. Walton (ed.), *Bible Background Commentary*, 402.
[19] John H. Walton (ed.), *Bible Background Commentary*, 402.
[20] John H. Walton (ed.), *Bible Background Commentary*, 402.

자발적으로 기도를 드리는 예가 수없이 많다.[21] 자발적으로 드리는 기도의 예가 나와 있다. 그러나 상투적인 예가 너무 많다. 삼손의 자발적으로 드리는 기도가 효과를 발휘했다. 삼손은 기도 응답을 경험했다.

> 삼손이 심히 목이 말라 여호와께 부르짖어 이르되 주께서 종의 손을 통하여 이 큰 구원을 베푸셨사오나 내가 이제 목말라 죽어서 할례 받지 못한 자들의 손에 떨어지겠나이다 하니(삿 15:18).

사사기 16:28에 마지막 간절한 기도를 드린다.

> 삼손이 여호와께 부르짖어 가로되 주 여호와여 구하옵나니 나를 한 번만 생각하옵소서 여호와여 구하옵나니 이번만 나로 강하게 하사 블레셋 사람이 나의 두 눈을 뺀 원수를 단번에 갚게하옵소서(삿 16:28).

어찌 보면 삼손의 실패같이 보이지만, 이스라엘의 원수, 삼손의 원수를 단번에 갚을 기회였다. 삼손은 그때에야 야훼의 계획을 알게 되었고, 그때 야훼의(삼손의) 계획을 독자들이나 청중들은 이해할 수 있다. 이것을 이제야 깨닫는다면, 그것은 삼손 이야기를 대충 읽었거나, 남들이 이야기하는 삼손을 이해 했기 때문일 것이다. 사사기 16:30에 다음과 같이 밝히고 있다.

---

[21] John H. Walton (ed.), *Bible Background Commentary*, 402.

가로되 블레셋 사람과 함께 죽기를 원하노라 하고 힘을 다하여 몸을 굽히매 그 집이 무너져 그 안에 있던 모든 방백과 온 백성에게 덮히니 삼손이 죽을 때에 죽인 자가 살았을 때, 죽인 자보다 많았더라 (삿 16:30).

삼손 시대의 사사는 정치 일반을 모두 다루었다. 즉, 입법,[22] 사법, 행정 문제를 다루었다. 당시 왕은 그 시대의 백성들의 삶을 다루었다. 삼손은 제 나라, 제 백성을 살리고자 했다. 그러나 그러한 야망은 이스라엘의 타락으로 점차 빗나가서 블레셋에 대한 증오심만 남게 되었다.

삼손이 처음 여호와의 영에 매료되었을 때, 이미 이스라엘과 블레셋은 영토 다툼 중에 있었다. 앞에서 살펴보았지만, 삼손이 에스다올에서 태어났고, 소라와 에스다올에서 여호와의 영을 체험한 것으로 봐서 소라는 그때의 블레셋 땅이 아닌가 추측해 본다. 지금은 정확히 알 수는 없지만, 블레셋 사람이 살았던 것으로 봐서 블레셋의 영토였다.[23]

오랫동안 자료비평, 양식비평, 편집비평이 성경해석을 가로막아 왔다. 그러나 서사비평이 등장하면서 그 영향력을 잃어 왔다. 이 글은 서사비평 입장에서 삼손 이야기를 다루었다. 전통적인 연구와 함께 성경해석을 위한 유용한 도구로 성경해석을 해야 한다.

삼손 이야기는 이야기 전개의 과정을 가지고 있다. 아이를 낳지 못하는 여인, 처녀 잉태, 삼손의 출생 변화를 수반하며, 다양한 주제를

---

[22] 모세오경을 예로 들 수 있다.
[23] 김홍전, 『사사기 소고 II』, 211.

변화시켜 간다.

한편으로는 영웅 이야기이다.[24] 삼손의 죽음은 야훼의 죽음이다. 오늘도 많은 이 시대의 삼손들이 죽어 간다. 사람은 단지 오래 살았다고 늙지 않는다. 그 이상을 버릴 때 비로소 늙는다. 세월은 피부를 주름지게 하지만, 그 이상을 포기할 때 비로소 늙는다. 그것은 영혼을 주름지게 한다. 삼손은 끝까지 이상, 즉 블레셋과 싸움을 버리지 않았다.

---

24 전의영, "설화비평의 관점에서 본 삼손 이야기 연구," 71.

제6장

교회와 지도자들에 대한 제언

전 세계를 강타한 페미니즘 속에서 삼손이 설 자리는 없었다. 그리고 많은 목회자가 삼손 이야기를 의도적으로 피해 왔는지, 아니면 삼손 이야기를 내면적으로 피해 왔는지 알 수 없다. 교회가 자기 할 일을 못할 때, 수많은 그리스도인이 일어났다. 한국교회의 "신사참배"가 일어났을 때도 수많은 기독교인이 죽임을 당했다.

그동안 교계의 많은 지도자가 삼손은 방탕아요, 카사노바로 인식해 왔다. 많은 사람이 그렇게 인식해 왔다. 하지만 이 글을 읽은 후에도 그렇게 생각한다면, 그 지도자에겐 희망이 없다. 왜냐하면, 삼손은 자신을 희생하면서까지도 이스라엘을 사랑했기 때문이다. 삼손은 처음 하나님의 영을 체험하면서, 비로소 자신의 갈 길을 찾았기 때문이다. 그것은 바로 블레셋 여인과 결혼하기 작전이다.

그러나 불행하게도, 한국교회에선 아직도 삼손이 카사노바로 인식

된다. 그래서 삼손 이야기만 나오면, 꽁지를 빼고 그리스도의 죽으심과 부활하심에 초점을 맞춘다.

왜 사사기 저자는 네 장에 걸쳐 삼손 이야기를 하고 있는가?

그것은 삼손이 자신을 바쳐 블레셋을 치기 때문이다.

오늘날 한국교회는 삼손이 왜 블레셋 여인만을 고집했는지를 제대로 가르쳐야 한다. 삼손 이야기에 나오는 여인 모두가 블레셋 여인이다. 아마도 왕이라면 이스라엘 여인을 왕후로 삼지 않았을 리 없다. 그런데도 블레셋 여인만을 고집했던 삼손을 읽을 수 있어야 한다.

이 글을 읽고 있는 독자는 어떠한가?

삼손보다 깨끗한가?

사람들은 UFC 같은 스포츠를 보면서 그 갈증을 해소한다.

왜 그런 격투 경기에 열광하는 것인가?

이는 로마 제국이 콜로세움에서 한 짓과 무엇이 다른가?

혹은 TV 매체에서 많이 먹는 시합을 하지 않는가?

먹는 열풍으로 너도나도 할 것 없이 먹는 모습을 보여 주고 있다.

로마 제국이 멸망할 때, 귀족들이 '먹고 토하고, 먹고 토하고' 하는 것과 무엇이 다른가?

참고자료

1. 단행본

구순연.『구순연 집사가 본 천국과 지옥』. 서울: 책나무출판사, 2004.
권종선.『신약성서 해석과 비평』. 대전: 침례신학대학출판부, 2002.
김경섭.『사사 열전-언더그라운드에서 영웅이 되다』. 서울: 도서출판 프리셉트, 2009.
김광모.『마가의 서사적 기독론』. 서울: 한들출판사, 2005.
김윤희.『구약의 조연들』. 서울: 생명의말씀사, 2004.
김원광.『성경적으로 재조명한 이스라엘 민족의 영웅:삼손』. 서울: 도서출판 바울, 2006.
김서택.『사사기 강해』. 서울: 솔로몬, 2014.
_____.『위대한 부흥의 불꽃, 이스라엘의 사사들 III』. 서울: 홍성사, 2009.
김홍전.『사사기 소고』. 서울: 성약출판사, 1989.
박종수.『히브리 설화 연구: 한국인의 문화 통전적 성서 이해』. 경기: 도서출판 글터, 1995.
서정남.『영화 서사학』. 서울: 생각의나무, 2007.
오번탁・이남호.『서사문학의 이해』. 서울: 고려대학교출판부, 1999.
옥성석.『어처구니를 붙잡은 삼손』. 국제제자 훈련원, 2006.
이찬수.『이번만 나를 강하게 하사』. 서울: 도서출판 규장, 2018.
이동원.『이렇게 시대를 극복하라』. 서울: 나침반, 1983.
이중수.『약점에도 불구하고 하나님 쓰임 받은 삼손』. 서울: 부흥과개혁사, 2009.
이형원.『구약성서 비평학 입문』. 대전: 침례신학대학출판사, 1991.
_____.『구약성서 해석의 원리와 실제』. 서울: 대한기독교서회, 1999.
_____.『하나님께 쓰임 받은 사람들』. 서울: 한국강해설교학교출판부, 2004.
우상구.『나실인 삼손』. 서울: 두란노, 1996.

우택주. 『8세기 예언서의 새 지평』. 서울: 대한기독교서회, 2005.
조동일. 『민중영웅 이야기: 영원과 현장』. 서울: 문예출판사, 1992.
_____. 『문학연구 방법론』. 경기: 지식산업사, 2015.
장일선. 『다윗왕가의 역사 이야기: 신명기 역사서 연구』. 서울: 대한기독교서회, 1997.
_____. 『히브리설화의 문학적 이해』. 서울: 대한기독교서회, 1985.
장흥길. 『서사로 성경읽기와 수사로 성경읽기』. 서울: 한국 성서 연구소, 2008.
한용환. 『소설학 사전』. 서울: 문예출판사, 1999.

Atteberry, Mark. 『삼손 신드롬』. 김주성 역, vol. 6. Doubleday & Co 서울: 이레서원, 2005.
Boling G., Robert. *Judges Introduction, Translation and Commentary, The Anchor Bible*. Garden City: Doubleday and Company, 1981.
Berlin, Adele. *Poetics and Interpretation of Biblical Narrative*. Winona Lake: Eisenbrauns, 1994.
Campbell, Joseph. 『천의 얼굴을 가진 영웅』. 이윤기 역. 서울: 민음사, 1999.
Crenshaw, James. L. *Samson: Samson, a Secret Betrayed, a Vow Ignored*, Atlata, John Knox Press, 1978.
Currid, John D. 『고대 근동 신들과의 논쟁』. 이옥용 역. 서울: 새물결플러스 2017.
_____. *Doing Archaeology in the Land of the bible*. Grand Rapids MI: Baker, 1981.
Dorsey, David A. 『구약의 문학적 구조』. 류근상 역. 경기: 크리스챤출판사, 2000.
Frei, Hans W. 『성경의 서사성 상실』. 이종록 역. 서울: 한국장로교출판사, 1996.
Fridman, R. E. 『누가 성서를 기록 했는가』. 이사야 역, 시리우스 총서 08. 서울: 한들출판사, 2008.
Galpaz-Feller, Pnina. *Samson: The Hero and the Man : the Story of Samson (Judges 13-16)*. Euronpean Academic Publishers, 2006.
Grabbe, Lester L. *Ancient Israel*. Continuum New York· London. 2006.
Grene, David. trans., *The History of Herodous*. Chicago: University of Chicaago Press, 1987.
Haynes, Stephen R. and Steven L. Mckenzie. 『성서비평 방법론과 그 적용』. 김은규, 김수남 공역. 서울: 대한기독교서회. 1997.
Keil, Carl F. *Biblical on the Books of Joshua, Judges, Ruth*. Edinburgh: Clark, 1989.
Matthews, Victor H. *Judges and Ruth*. Cambridge Press, 2004.
Moore, George F. *A Critical and Exegetical Commentary on Judges*. Edinburgh Clark.

T&T, 1895.
Powell, Mark Allan. *What is Narrative Criticisim?*. Minnenapolis, Augsburg Fortress, 1990.
Prince, Gerald. 『서사학이란 무엇인가』. 최상규 역. 서울: 예림기획. 2015.
Robert, Alter. *The Art of Biblical Narrative*. New York :Basic Books, 1981.
Schneider, Tammi J. *Berit Olam: Studies in Hebrew Narrative & Poetry*. (The Liturgical Press. Minnesota) 2000.
Trible, Phyllis. *Rhetorical Criticism: Context, Method, and the Book of Jonah*. Minneapolis, Fortress Press. 1994.

2. 정기 간행물

김덕중. "삼손 내러티브(삿 13-16장)에 나타난 삼손-이스라엘 유비." 「성경과 교회」. 제5권 1호, 2007.
김지찬. "사자보다 강하나 꿀에 약한 삼손." 「그 말씀」. 통권198호, 2005년 12월호.
김희권. "설교와 성경연구: 사사기 강해(6) 두 얼굴의 사나이, 삼손." 「그 말씀」 2007년 5월호.
박요한. "말씀과 함께 걷는 말씀의 길. 구약/삼손과 블레셋인들-판관기." 「생활 성서」. 2003년 5월호.
이현주. "힘, 머리카락 그리고 어리석음-삼손." 「생활 성서」 2003년 1월호.
이형원. "사사기에 나타난 내러티브의 탁월성." 「그 말씀」. 2005년 11월호.
장일선. "삼손 설화의 해체론적 시도," 「생활 성서」. 1993, 34호.
_____. "삼손과 나실인의 서약 II," 「신학사상」. 1984년 겨울, 통권47호.
_____. "삼손설화의 해체론적 시도," 「신학연구」. 1993년 34호.
정형주. "성서연구: 삼손 설화와 드라마," 「신학사상」. 1998년 겨울, 통권101호.
최재하. "삼손의 머리칼," 「교회와 신앙」. 2000년 10월호.
황원숙. "기독교 비극『투사삼손』: 기독교 시인으로서의 밀턴의 갈등과 해결," 「장신논단」. 2010.

Alter, Robert. "Samson Without Folklore," S. Niditch (ed.), *Text and Tradition. The Hebrew Bible and Folklore*. SemeiaSt; Atlanta: Scholars Press, 47-56.
Askin, Denise T. "'Strange Providence': Indigenist Calvinism in the Writings of Mohegan Minister Samson Occom (1723-1792)." *John Calvin's American Legacy*. Oxford; New York: Oxford Univ Press (2010), 191-217.

Bernhard, Lang. "The Three Sins of Samson the Warrior," *Berührungspunkte*, Münster: Ugarit-Verlag (2008), 179-192.

Brooks, S. Shalom. "Saul and the Samson Narrative," *JOST*, 71 (1996), 19-25.

Crenshaw, James L. "Samson Saga: Filial Devotion or Erotic Attachment?" *ZAW* (86) (1974): 471-503.

Emmrich, Martin. "The Symbolism of the lion and the Bees: Another Ironic Twist in the Samson Cycle," *JOST*, 44/1 (2001), 67-74.

Exum, J. Cheryl. "Promise and Fulfillment: Narrative Art in Judges 13." *JBL* (1980).

_____. "The Theological Dimension of the Samson Saga." *Vetus Testamentum* (1983) 33. 30-45.

_____. "Aspects of Symmetry and Balance in the Samson Saga." *JSOT*, 19 (1981), 3-29.

Greene, Mark. "Enigma Variations: Aspects of the Samson Story, Judges 13-16." *Vox Evangelica*, 21 (1991), 53-79.

Gunn, David M. "Samson of Sorrows: An Isaianic Gloss on Judges 13-1" in D. N. Fewell (ed.), *Reading Between Texts: Intertextuality and the Hebrew Bible* (LouisvilleKy: Wesminser/John knox 1987), 163-224.

Matthews, Victor H. ""Freedom and Entrapment in the Samson Narrative: a Literary Analysis." *Perspectives in Religious Studies*, 16 no 3 (Fall, 1989), 245-257.

Merrill, Eugene H. "The Samson saga and spiritual leadership Detail Only Available," *Presence, Power and Promise: The Role of the Spirit of God in the Old Testament*. Downers Grove, Ill : IVP Academic (2011), 281-293.

Nel, Philip. "The Riddle of Samson (Judges 14:14-18)," *Biblica*, 66 no 4 (1985), 534-545.

Segert, Stanislav. "Paronomasia in the Samson Narrative in Judges 13-16," *Vetus Tastamentum* 34 (1984): 454-461.

Terry, Daniel J. "With the Jawbone of a Donkey: Shame, Violence and Punishment in the Samson Narrative," *A Cry Instead of Justice: The Bible and Cultures of Violence in Psychological Perspective*. New York; London: Clark, T & T (2010), 42-54.

Ulrich, Simon, "Samson and the Heroic," *Ways of Reading the Bible*, Sussex, Great Britain: Harvester Press (1981), 154-167.

Whedbee, J William. "Isaac, Samson, and Saul: Reflections on the Comic and Tragic Visions." *Semeia*, no 32 (1984), 5-40.

3. 주석류

Butler, Trent. C. 『사사기』. *Word Biblical Commentary*, 조진호 역, 서울: 도서출판 솔로몬, 2011.

Crenshaw, James L. "Samson," *Anchor Bible Dictionary*, vol. V, ed. David L. Freedman, Doubelday a division of Bantam Doubleday Dell Publishing Group, Inc, 1992.

Dillard, Raymond B. and Tremper Longman. 『최신 구약 개론』. 박철현 역. 경기: 크리스챤다이제스트, 2000.

Exum, J. Cheryl. "Samson's Wife," *Anchor Bible Dictionary*, vol. V, ed. David L. Freedman, Doubelday a division of Bantam Doubleday Dell Publishing Group, Studies Inc, 1992.

Matthews, Victor H. *Judges and Ruth*. Cambridge University Press, 2004.

Owens, J. John. *Judges-2 Chronicles, Analytical Key to the Old Testament*, vol. 2. Michigan, Baker Book House, 1992.

VanGemeren, Willen A.(eds). *Dictionary of Old Testament Theology & Exegesis*, vol. 1-5. Michigan, Zondervan Publishing House, 1997.

Walton, John H. and Others. 『IVP성경배경주석』. 정옥배 외 3인. 서울: 한국기독학생회출판부, 2001.

Watts, John D. W. *Isaiah 1-33, Word Biblical Commenry*, vol 24. Word Books, Publisher. Wack, Texas. 1973.

4. 미간행물

Hyungjoo, Jeong. "A Study of the Samson Narrative as a Performance Text: Bible Study and the Semiotics of Theatr." Ph.D. The Department of Biblical Studies University of Sheffield, 1995.

전의영. "설화비평 관점에서 본 삼손 이야기 연구," 철학박사 학위논문. 경기: 강남대학교 신학대학원, 2006.

정태원. "삼손 사화에 나타나는 신명기적 역서의 신학," 신학석사 학위논문. 침례신학대학교 일반대학원, 2006.

5. 사전류

『새성경 사전』. 2005.
『IVP 신학성경사전』. 2004.
『IVP성경사전』. 이정석 외 공역. 서울: 한국기독학생회출판부, 1992.
『게제니우스 히브리어 아람어 사전』. 이정의 역. 서울: 생명의말씀사, 2007.
『프라임 새 국어』. 2018.

6. 성경

『빅슬림 굿데이 정경』. 서울: 생명의 말씀사, 2008.

Abstract

Researcher: Jeong, Yong Jin
Drgree: Master of Theology
Date: March 30, 2018.
Chairperson: Lee, Hyeong won Ph.D.
Title: A study on Analogy and Irony of Characters of Samson' story

This study is Samson's story appearing Irony and Analogy until Judges chapters 13-16. Nowaday, many pastors and many scholars misunderstand about Samson. We are learned about Samson faulty teaching by Pastors. This study from a point of view narrative criticism. Also, this story is from study analogy and Irony of charters of Samson's story. This study show Samson's positive and negative face. During I read 14:4v who was shocked fresh shock. It was written as follows "But his father and mother knew not that it was of LORD, that he sought an occasion against Philistine: for at that time the Philistines had dominion over Israel." It "not that it was LORD, That The LORD ann sought against Philistine" is pointed ward. LORD not only fight the Philistines but also Samson fight them. Samson was the only Yahweh's tool. Up until now, People tend to see Samson was bad Judge . This study is will change people's concept. this finding was employ for a few a new interpretation of books of Judges an endeav-

or to solve in the past many pastors or scholars wrong teaching. Samson was not bad Judge rather than but good Judge. Still, Samson is a very kind and helpful person. This study to interpretation to overcome trauma and wrong interpretation. However, this approach Samson with centered. In this study is, not new interpretation, but also old-interpretation (Narration-criticism). Secular literary scholarship knows no such movement as narrative criticism. Especially, story of Samson is spoken of negatively. But, negatively of Samson, nevertheless, Samson story constitutes four chapter. What does the bible want to say? what does Bible planning do four chapter? We are looking for that reason. Therefore, we need more study, more research, more conduct a study. the propose of this article. I fix many people think who wrong think about Samson. Samson who was righteous. Still some pastors think Samson who was bad a bad prophet. But Samson was God sent Nazartie. May be, I don't if They can just skim through the bible, or someone else has not heard of it. I tried people to wrong think I fixed it. Samson has relationship with three Palestine Women. He didn't look for Israel Women. That mach, He want to defeat the Palestine. Only one, He want to defeat Palestine. Only becau se, it brings peace to Israel. I try to use Narrative Criticism to describe. This thesis dedicated my Mother. In the meantime, thank for my Mother for pray with devote her son.

Man is not old enough to live. Man'll get old when Man throw away that Ideal. In the same direction, when we saw to the Samson to give up. We need to see the Samson one of person. Then we can well understand Samson. People said he was casanova but he is good man who govern in peace during 20 years. During he that peace has come to israel. Anyway, there philistine women went through the process. That women philistine of all. Samson occupy to pain Samson. Anyway, through Samson get married to destroy Philistine. Truly, Samson fight with philistine. At last, he died together philistine of lead, also, many philistine. "Then his brethren and all the House of the his father came down, and took him, and brought him up and buried him between Zorah and Eshtaol in the burying-place of Manoah his father. And he judged Israel twenty year" Samson did not betrayed his people also go against god. He waited for to the move. A few mistake(Although most were done by God' will) He worked.